그때, 중국에선 어떤 일이 있었나?

아편전쟁과 대장정을 거쳐 흑묘백묘론까지, 150년 동안의 사건들

그때, 중국에선
어떤 일이 있었나?

임명현 지음

돋을새김

중국은 19세기까지 2천년 동안 왕조를 유지한 아시아의 대제국이었다. 그러나 1840년 대영제국과의 아편전쟁에서 패하고, 이후 150여 년 동안 대혼란을 겪게 된다. 산업혁명으로 경제적 번영을 추구하던 서구 열강들이 아시아의 거대한 제국에 눈독을 들이면서 경제적 수탈이 이루어지고 결국 왕조의 멸망을 가져왔다.

그러나 21세기 현재, 중국은 세계의 패권국가인 미국과 경제적 우위를 다투고 있다. 이 책은 중국에서 왕조가 몰락하고 이후 중국 공산당의 혁명으로 탄생하게 된 중화인민공화국과 마오쩌둥 그리고 개혁 개방을 이끈 덩샤오핑의 중국형 사회주의 체제가 실행되기까지의 역사를 살펴본다.

아편전쟁의 패배로 홍콩을 서양의 강대국에게 빼앗긴 상징적인 사건에서부터, 다시 홍콩이 중국에 반환되기까지의 근현대사를 아주 쉽고 간략하게 다룬다. 일본을 비롯한 서양 강대국과의 군사적, 외교적 다툼 그리고 중국 내부의 분열과 갈등의 과정을 쉽게 이해할 수 있도록 구성했다.

중국에 대한 우리의 인식은 사회주의 체제의 공산국가라는 이유로, 때로는 왜곡되었거나 폄하된 부분도 있다. 그러나 열강에 의해 주권이 침탈되는 동안, 고통 속에서 민중의 의식이 깨어나는 과정은 우리나라와 비슷했다. 다만 중국은 사회주의 체제를 선택하여 새로운 국가를 만들었고 오늘에 이르렀다.

이 책이 그동안 중국에 대해 알고 있는 것보다, 모르는 것이 더 많았다는 것을 알 수 있는 계기가 되기를 바란다. 그리고 역사란 끊임없이 반복되는 과정이라는 것을 다시 한번 되새길 수 있게 된다면 좋겠다.

이 책의 구성은 제1장 열강의 침략과 청 왕조의 몰락, 제2장 중화민국의 탄생과 정치적 혼돈의 시기, 제3장 사회주의 혁명과 개혁 개방의 시대로 구분되어 있다. 청 왕조의 몰락에서부터, 입헌국가의 탄생, 중국 공산당의 혁명, 대약진, 문화대혁명, 개혁 개방이라는 키워드로 중국 대변혁의 시대를 소개한다.

2019년 5월

■ **차례** ■

제3장
사회주의 혁명과 개혁 개방의 시대

중화인민공화국 행정 구역

헤이룽장성
黑龍江省

지린성
吉林省

라오닝성
遼寧省

네이멍구자치구
內蒙古自治區

닝샤후이족자치구
寧夏回族自治區

신장웨이우얼자치구
新疆維吾爾自治區

간쑤성
甘肅省

베이징

톈진

허베이성
河北省

산시성
山西省

산둥성
山東省

칭하이성
青海省

산시성
陝西省

허난성
河南省

장쑤성
江蘇省

시짱자치구(티베트자치구)
西藏自治區

안후이성
安徽省

상하이

쓰촨성
四川省

후베이성
湖北省

저장성
浙江省

충칭

장시성
江西省

후난성
湖南省

푸젠성
福建省

구이저우성
貴州省

광둥성
廣東省

타이완
臺灣

윈난성
云南省

광시좡족자치구
廣西壯族自治區

홍콩
마카오

하이난성
海南省

제1장
열강의 침략과 청 왕조의 몰락

- 아편전쟁
- 태평천국운동
- 양무운동
- 청일전쟁
- 변법자강운동
- 의화단운동

아편전쟁

(제1차 1840~42, 제2차 1856~60)

19세기 중반(1840~1860)에 중국과 영국 사이에 벌어진 두 차례의 전쟁이다. 아편의 교역이 전쟁 발발의 원인이었으며, 영국을 비롯한 서유럽 강대국들이 본격적으로 중국으로 진출하는 계기가 되었다. 당시 세계에서 경제 규모가 가장 컸던 중국 청 왕조의 몰락을 이끈 사건이며 서유럽의 강대국들이 상품시장을 확보하기 위해 벌인 전쟁이었다.

:: 영국의 아편 밀거래

18세기 영국을 비롯한 유럽의 여러 나라들은 산업혁명으로 대량 생산된 상품을 판매할 수 있는 시장을 찾아야만 했다. 그들에게 아시아에서 가장 넓은 대륙을 차지하고 있으며 인구도 가장 많은 청(淸) 왕조(1636~1912: 만주족 누르하치가 한족이 통치하던 명明 왕조를 정복하고 세웠다. 중국 대륙의 마지막 왕조)는 신천지 같은 곳이었다.

영국보다 먼저 포르투갈, 에스파냐, 네덜란드 등이 중국과 무역을 하고 있었지만 그 규모는 작았다. 17세기 초부터 서유럽을 지배하고 있던 에스파냐와 포르투갈은 경쟁적으로 신항로를 개척하고 있었으며, 에스파냐는 주로 아메리카 대륙을 장악하고 있었고 포르투갈은 아시아로 진출하고 있었다. 포르투갈은 동남아시아의 여러 섬나라와 중국, 일본으로 향하는 무역로에서 세력을 확장중이었으며 이들보다 조금 늦게 네덜란드가 동인도회사를 통해 인도와 중국으로 진출을 꾀하고 있었다.

청 왕조는 서양 세력들을 이민족이라 부르며 교역을 제한했다. 청의 황제 건륭제(乾隆帝 재위:1735~1795)는 1757년에 광저우(廣州) 항구만을 개항하여 교역할 수 있도록 허락했다. 나라에서 허가를 받은 상인들만 독점적으로 할 수 있도록 했다. 일종의 상인 길드 조직인 공행(公行)을 통해 제한적인 교역만 허용한 것이다. 공행을 통해서만 모든 교역이 가능했던 이 시기를 광저우무역체제라고 부른다.

광저우무역체제 당시 이 지구상에서 가장 우월한 문명국이라는 중화의식(中華意識)을 갖고 있던 중국은 유럽 국가들을 변방에 위치한 이민족과 다를 바 없는 미개한 오랑캐일 뿐이라고 생각했으므로 무역에 큰 관심을 기울이지 않았다. 무역에 따른 실질적인 세법도 정해져 있지 않았으며, 반드시 공행을 통해야 하는 등의 불리한 조건하에서 영국 정부는 청 왕조와 외교적 교섭을 시도했다.

18세기에 접어들면서 아시아 무역에서 영국과 프랑스가 세력을 장악하기 시작했다. 두 나라는 인도에서 식민지 전쟁을 벌였으며 영국이 승리하면서 인도와 중국의 무역권을 장악하게 되었다. 이후 프랑스는 베트남으로 진출했다.

영국은 1792년(청 왕조의 건륭제 시절) 정식으로 중국에 사절단을 파견하고 수교를 요구했다. 외교관들이 베이징(北京)에 거주할 수 있도록 허락해 주고, 국제 무역의 활성화를 위해 광저우 외에 새로운 항구를 더 개항할 것을 요구했다. 그러나 중국의 황제에게 이들은 여전히 변방의 오랑캐였다. 사절단으로 하여금 황제에게 무릎을 꿇고 머리 숙이는 관례를 요구하는 등 문화적 갈등이 초래되었다. 사절단은 극진한 접대와 환대를 받기는 했으나 교역 시도는 실패했다.

그러나 영국은 사절단을 주기적으로 파견하여 공행의 자의적인 관세 부과와 외국 상인에 대한 무역 제한을 철폐할 것을 요구하며 청 왕조를 압박했다. 당시 청 왕조는 강희제, 옹정제, 건륭제로 이어지는 황금시대를 누리고 있었으므로 서양에서 온 사절단에게 관례에 따라 변방국에 부과되던 고두례와 조공을 요구했다.

당시 중국의 차와 도자기는 유럽 사람들에게 가장 인기 높은 물품이었다. 영국의 귀족들 사이에 중국제 도자기에 차를 마시는 것이 유행하고

청나라는 영국의 사절단에게 삼궤구고두(약칭 고두례), 즉 세 번 무릎을 꿇고 아홉 번 머리를 땅에 닿도록 절하는 예를 요구했다. 문화적 차이로 받아들이지 못한 사절단은 한쪽 무릎을 꿇는 것으로 대신했다.

있었으므로 영국은 오히려 중국 상품의 최대 수출국이 되었다.

영국의 주요 수출품은 모직물과 인도의 면화였으나 중국 내의 수요가 많지 않았기 때문에 무역적자 상태가 될 수밖에 없었다. 차 수입은 늘어나는데 반해 당시 중국의 화폐인 은화로 지불하는 것이 점점 더 어려워졌던 것이다.

1900년대 영국의 트레이드 달러(상)와 1904년대 청나라의 용은(하)

영국은 무역적자를 해결하기 위한 방안으로 영국령인 인도에 동인도회사를 설립하여 이곳에서 생산된 아편을 중국으로 수출했다. 중국 사람들은 서서히 아편에 중독되기 시작했으며 수요가 늘어나자 정상적인 거래보다 밀수출이 성행했다. 아편은 지위가 높은 사람들뿐만 아니라 군인과 하층민까지 파고들어 아편 수요가 폭발적으로 증가하면서 중독자가 급증했다.

특히 빈민층의 아편 중독은 중국의 경제를 위태롭게 했다. 중국의 은이 대량으로 빠져나가면서 은값이 폭등했다. 특히 농민과 상공업자들은 세금을 낼 때 동전을 은으로 환산하여 중앙정부에 납부해야 하는데, 은 가격이 오르면서 동전의 가치가 떨어져 상업 침체와 물가 상승의 요인이 되었다.

1820년대 후반부터 중국에서 유럽으로 빠져나간 은이 국가 총수입의

80%에 해당될 정도였으므로 청 왕조의 재정 파탄은 심각한 지경에 이르렀던 것이다. 아편 문제는 차츰 청 왕조의 경제적 위기뿐만 아니라 정치적, 사회적 문제로 확대되었다.

1839년 황제 도광제(道光帝 재위: 1820~1850)는 아편 금지론을 주장하는 린쩌쉬(林則徐 임칙서 1785~1850)를 흠차대신(欽差大臣: 황제가 임명하여 파견하는 대신)으로 임명하여 광저우의 아편 문제를 해결하도록 지시했다.

그러나 아편 금지령은 아무런 효력이 없었다. 중독된 사람들로 인해 아편 거래가 줄기는커녕 오히려 밀수가 늘어났다. 린쩌쉬는 영국 상인들로부터 아편을 몰수하고 다시는 거래하지 않겠다는 서약서를 제출하라는 강경책을 펼쳤다. 영국 상인들이 거부하자 린쩌쉬는 군대를 동원해 외국 상관을 봉쇄하고, 아편을 몰수해 전부 소각해 버렸다.

영국의 상인들은 영국 의회에 청 왕조의 아편 무역 금지조치를 해결해 달라는 압력을 넣었다. 영국 의회는 중국에 군대를 파병해서 해결해야 할 것인지를 논의했다. '아편을 팔기 위해 전쟁을 한다는 것은 정당성이

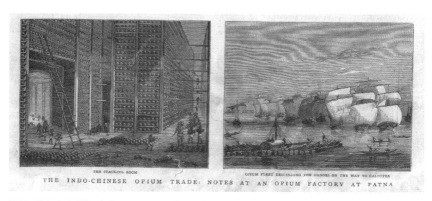

동인도회사의 아편창고에서 중국으로 공급되는 아편.

없는 일'이라며 강력하게 비판하는 의원들도 있었지만 영국 의회는 결국 군대의 파견을 승인했다.

:: 광저우에 나타난 영국 함대

1839년 홍콩 섬 건너 주룽(九龍)에서 술에 취한 영국 선원에 의해 중국인 농부가 살해되는 사건이 발생했다. 린쩌쉬는 범인을 청나라 당국에 넘겨줄 것을 요구했지만 영국의 무역 감독관 찰스 엘리엇(Charles Elliot)은 그를 본국으로 송환해 버렸다. 결국 이 사건은 두 나라 사이에 외교적 마찰을 불러일으켰다.

1839년 8월 16일 린쩌쉬는 군대를 동원하여 영국 상인들이 거주하고 있는 마카오를 봉쇄하여 상인들을 쫓아내고 영국과의 통상 정지를 선포했다. 이미 의회에서 군대 파견을 결정한 영국 정부는 1840년 6월, 4,000여 명의 육해군을 실은 함대를 광둥(廣東) 앞바다에 파병하고 청에 선전포고를 했다.

린쩌쉬는 영국군에 대비했지만 강력한 해군과 대포로 무장한 영국군은 양쯔강(본래 명칭은 창장長江) 하구를 장악하고 계속 북상하여 톈진(天津)까지 진군했다. 분노한 도강제는 린쩌쉬를 파면하고 치산(琦善)을 즈리총독(直隸總督: 즈리는 베이징이 있는 허베이성河北省을 가리킨다)으로 임명하여 영국군에 대처하라고 지시했다. 제1단계 아편전쟁의 시작이었다.

즈리총독 치산은 재래식 범선과 낡은 군사 장비를 갖춘 청의 군대로는 영국군을 상대할 수 없다는 것을 일찌감치 깨달았다. 그는 영국군에게 타협안을 제시하여 사령관인 엘리엇에게 광둥으로 물러나도록 요청하고 촨비(川鼻 천비)에서 협상을 진행했다.

협상 내용은 청 조정은 배상금을 지급하고 홍콩을 할양하며 영국을 비롯한 다른 모든 외국과 평등한 무역 관계를 유지한다는 것이었다. 그리고 광저우의 통상을 재개한다는 것이었다. 일명 '광둥협약'이라고 하는 이 내용을 전해들은 도광제는 더욱 분노하여 치산을 파면하고 잡아들일 것을 명했다.

협상이 실패로 돌아가자 영국군은 다시 공격을 재개했고 아편전쟁은 제2단계로 접어들었다. 영국은 청 조정이 인정하지 않은 촨비조약을 일방적으로 선포하고 홍콩을 자신들의 영토로 선언했다(1841년 2월). 당시 홍콩은 집이 한 채도 없는 무인도에 불과했다.

홍콩을 점령한 영국은 1만 여명의 병사를 증원하고 증기선 14척으로 대대적인 병력을 구성했다. 청의 군사도 광저우에 집결하여 저항했지만 6월까지 계속된 전쟁에서 버티지 못하고 정전조약인 광저우 화약(和約)을 체결했다.

그러나 영국은 전쟁이 끝났다고 생각하지 않았다. 1841년 8월 엘리엇을 신임 전권대사인 헨리 포팅어(Henry Pottinger)로 교체하여 전쟁을 더욱 확대했다. 이로써 전쟁은 제3단계로 접어들었다. 중국 해군이 속수무책으로 영국군에게 당하자 분노한 중국인들은 스스로 자위대를 조직하여 대항하기 시작했다. 이들에 의해 영국군 사상자가 생겨나자 영국은 중국에 대한 공세를 더욱 강화했다.

영국군이 북상하면서 양쯔강 주변을 점령하고 상하이에 이르는 동안 청의 군대는 어느 곳에서도 영국군을 이겨내지 못했다. 전쟁은 1년 이상

18세기 아편전쟁 당시 영국 해군은 최강의 전투력으로 바다의 패권을 장악하고 있었다.

계속되어 양쯔강과 대운하(베이징에서 항저우까지 이어진다)의 교차점인 전장
(鎭江)이 함락되고 1842년 7월 마침내 영국 군함이 난징(南京)에까지 이르
렀다. 난징에서 대운하로 이동하면 영국군이 수일 내에 청 조정이 있는
베이징에 도착한다는 것을 의미했다.

　결국 청 조정은 영국 함대에서 쏘아대는 포화의 위협을 견디지 못하고
협상을 진행할 수밖에 없었다. 1842년 8월 29일 영국의 콘월리스 호 선상
에서 영국의 요구 조건을 받아들인 '난징조약'을 체결했다.

1. 홍콩을 영국에 할양한다.
2. 광저우(廣州), 샤먼(廈門 하문), 푸저우(福州), 닝보(寧波), 상하이(上海)
   등 5개의 항구를 개항한다. 그리고 그곳에는 영국의 영사를 설치하
   고 상인 및 가족들이 거주할 수 있게 한다.

3. 공행의 독점무역을 폐지한다.

4. 다른 나라와 대등한 교섭을 한다.

5. 전쟁 배상금을 지불한다(약 2,100만 달러).

영국은 난징조약을 체결한 후에도 재차 협상을 요구하여 후먼(虎門 호문)조약(1843)을 추가했다. 수출입 관세는 협의하여 정하며, 양국 간의 문서 교환은 동등한 형식을 사용하며, 영사재판권 및 최혜국 대우 조항(청 왕조가 다른 나라에 새로운 특혜를 부여할 때 그와 똑같은 내용이 영국에게도 주어진다.) 등을 요구했다.

청 조정은 영국에 이어 1844년에는 미국과 왕샤(望廈 망하: 마카오 부근)조약, 프랑스와는 황푸(黃浦)조약을 맺었다. 황푸조약은 개항장에서 천주교(중국에 가톨릭이 전해졌을 때, 하느님을 천주天主라 불렀다)를 자유롭게 전파할 수 있음을 규정했다.

홍콩의 할양을 비롯한 5개 항구의 개항은 서양 강대국들이 중국으로 진출할 수 있는 통로가 열렸다는 것을 의미했다. 외국 군함이 중국 영해에 자유롭게 진입할 수 있게 되고, 개항장에서 외국인들이 땅을 빌려 집을 짓고 거주할 수 있게 됨으로써 조계지(租界地)의 기반이 마련됐다. 조계는 중국이 사법권과 행정권을 행사할 수 없는 곳으로 영사 재판권까지 인정하게 되어 외국의 영토나 다름없었다.

그러나 조약 내용 중 가장 불합리한 것은 관세의 자주권을 상실한 것이었다. 영국은 수출입 관세율을 일률적으로 5%로 결정했으며, 영국 상인들은 관세를 1회만 납부하면 중국 내에서는 더 이상 세금을 내지 않고 장사를 할 수 있게 된 것이다. 그로 인해 보호관세의 기능을 할 수 없었으므로 중국의 주요 산업은 성장할 수 없는 반면 개항장의 외국 자본은 급속히 성장할 수 있게 되었다.

관세자주권의 상실, 영사재판권, 최혜국대우 등을 규정한 난징조약은 중국과 서양 강대국 사이에 맺은 불평등한 조약의 시초였다. 결국 아편에서 비롯된 전쟁으로 인해 맺게 된 이 조약은 거대한 청 제국을 식민지의 지위로 전락시켰으며, 2000년 동안 지켜온 중화의 질서가 붕괴된다는 것을 의미했다. 그러나 당시 청조의 관리들은 이러한 점들을 명확하게 이해하지 못했던 것으로 보인다.

:: 애로호 사건-제2차 아편전쟁

난징조약이 체결된 지 10년만에 영국과 중국 사이에 전쟁이 다시 일어났다(1856~1860). 양국 사이에 진행되었던 무역 상황이 영국에 불리해지자 영국은 다시 군사를 동원해 해결하려고 시도했다. 제1차 아편전쟁에서 패배한 후 중국 민중들 사이에서 광저우를 중심으로 영국을 배척하는 움직임이 일어나 영국인들의 광저우 입성을 저지한 것이다.

외교적인 교섭에도 불구하고 영국은 광저우 무역이 실패로 돌아가자 다시 한 번 중국을 무력으로 압박할 필요성을 느꼈다. 특히 산업혁명 이후 영국에서는 면제품이 과잉 생산되고 있었기 때문에 수출을 증대시키기 위해 중국 시장의 개방이 절실한 상황이었다. 영국은 청 조정에 북쪽 항구의 개방을 위한 조약 개정을 요구했지만 쉽게 응하지 않았다. 영국은 다시 무력으로 청 조정을 압박할 빌미를 찾고 있던 중 애로호 사건이 발생했으며 결국 제2차 아편전쟁이 시작되었다.

1856년 10월 8일 광저우에 정박하고 있던 범선 애로호에 청 왕조의 관헌이 올라가 중국인 선원 12명을 밀수 및 해적 혐의로 체포하고, 영국기를 내리게 했다. 애로호는 중국인 소유의 상선이었으나 선장이 영국인이어서 홍콩 선적(船籍)을 가지고 영국기를 게양하고 있었다.

광저우의 영국 영사는 양광총독(兩廣總督)에게 선원들을 즉각 석방하고 영국 국기를 함부로 내린 것에 대해 사과할 것을 요구했다. 그러나 양광총독은 당시 배에 영국 국기가 걸려 있지도 않았으며 중국인 소유의 상선이라는 이유로 거절했다. 애로호의 선적등록은 만기가 지나 정확하게는 영국 상선이라고 할 수 없었지만 영국은 이 사건을 빌미로 청 왕조를 압박했다. 결국 선원들을 석방했지만 영국군은 광저우를 공격하고 총독 관저에까지 침입하여 전쟁이 발발했다.

한편 프랑스는 1854년 광시성(廣西省)에서 포교활동을 하던 선교사가 살해된 사건을 내세워 영국에 동조하여 참전했다. 1858년 영국과 프랑스의 연합군이 광저우에서 북상하여 텐진과 베이징(北京)까지 진격했다. 당시 청 조정은 태평천국의 난으로 위기에 처해 있었으므로 제대로 반격조차 해보지 못하고 굴복하고 말았다.

미국과 러시아의 중재로 1858년 텐진조약을 체결했으며 1860년에는 외국인의 활동 조건이 더욱 강화된 베이징조약을 체결하면서 전쟁은 일단 중단되었다. 조약의 내용은 다음과 같다.

1. 서양의 외교 공사를 베이징에 상주하게 한다.
2. 난징조약 때의 5개 항구 외에 10여 개 항구를 추가 개항한다.

영국과 프랑스 연합군은 다구(大沽) 포대를 점령하고 베이징의 관문인 톈진으로 진격했다.

3. 외국인은 중국 내륙 지역을 다니며 무역활동을 할 수 있다.
4. 외국인 선교사의 국내 포교를 허용한다.
5. 주룽(九龍) 반도를 영국에 할양한다.
6. 영국과 프랑스에 배상금을 지불한다.

두 차례의 전쟁은 결국 중국과 서양 열강 사이의 아편 무역을 합법화시킨 것이므로 제1, 2차 아편전쟁으로 불리게 되었다. 불평등 체제가 확립된 이 조약은 중국의 역사에서 커다란 전환점이 되었다. 정치적으로는 홍콩과 주룽이 영국에 이양되었으며, 러시아가 차지하게 된 헤이룽강(黑龍江) 유역의 방대한 영토에는 독립적인 자치권이 부여된 공사관과 조계지가 들어섰다.

개항장이 16개로 확대되고 외국인들에게 여행의 자유와 중국 내의 항행권이 보장되어 중국은 서양의 가장 큰 상품 시장이 되었다. 특히 교역

에 따른 관세의 인하는 서양의 자본
주의가 중국 경제를 빠르게 장악하
는 계기가 되었다.

   사상적, 문화적인 변화도 시작되
었다. 외국 선교사의 포교 활동은
중국 민중들에게 문화적인 충격을
주어 반기독교 운동이 나타나기도
했다. 군사적인 측면에서는 외국 군
함이 연해 및 국내의 하천까지 자유
롭게 항행할 수 있게 되면서 중국의
주권에 심각한 위협으로 등장했다.
이로써 중국은 서구 세계가 주도하
는 자본주의 시장 안으로 편입되면

오병감(1769~1843): 광저우무역체제 시대 상인
조직 공행에서 뛰어난 무역 감각으로 엄청난 부를
축적했다. 지금까지도 세계의 갑부 50인에 손꼽히
는 전설적인 인물이다. 아편전쟁의 패배로 공행은
폐지되고 중국은 서양 강대국의 시장이 되었다.

서 반식민지화의 길로 들어서게 된 것이다.

그때 우리나라에서는 ‥‥‥‥‥

▶1653년 네덜란드의 배 1척이 표류하여 제주도에 도착. 서양과 최초의 접촉

▶ 병인양요(1866): 프랑스 군함 강화도 침략

▶ 신미양요(1871): 미국 함선 강화도에서 개항요구

태평천국운동

(1850~1864)

청 왕조 말기 훙슈취안(洪秀全)을 중심으로 한 배상제회(拜上帝會)라는 기독교계 신흥조직이 일으킨 농민운동이다. 청 왕조를 타도하고 새로운 왕조를 세우려 했으며, 그들이 내세운 새 왕조의 이름이 태평천국이었다.

:: 광둥과 광시의 배상제회

아편전쟁의 패배로 청 왕조의 권위는 땅에 떨어지고, 배상금 지불은 농민들의 조세 부담을 가중시켰다. 그 여파로 물가가 폭등했지만 관료 집단과 군대의 부패와 더불어 지주들의 횡포가 극심해지자, 농민들 사이에서는 반청 감정이 고조되었다. 특히 급격한 인구 증가에도 불구하고 정작 경작지는 부족하여 농촌의 경제 상황은 점점 더 악화되었고, 특히 외세에 의한 불안과 갈등이 증폭되었다.

상하이가 개항되면서 그동안 대외무역을 독점해왔던 광저우 무역이 열강의 세력에 밀려 불황에 빠지게 되자 차와 견사(명주실)의 운송에 종사하던 사람들이 일자리를 잃게 되었다. 이처럼 사회 경제적인 불안은 줄곧 증폭되고 있었지만 청 왕조는 제 역할을 전혀 하지 못하고 있었다.

태평천국운동(太平天國運動)의 진원지인 광시성(廣西省: 광시좡족자치구)에서는 이런 혼란스러운 사회 현상이 한꺼번에 드러나고 있었다. 산악지역

청 왕조의 제9대 왕 함풍제. 텐진조약, 베이징조약,
태평천국의 난을 겪게 되면서 왕조의 몰락이 시작
되었다.

인 광시성에는 광산에서 석탄을 캐거나 숯을 굽거나 옥수수를 재배하는 가난한 사람들이 모여 있었다.

특히 아편전쟁 이후 1840년대에 영국군에게 쫓겨 광둥과 광시의 내륙으로 들어온 군인들이 내륙지방의 비밀결사인 천지회(天地會)와 결탁하였다. 이들은 무능한 청조(清朝)를 타도하고 명조(明朝)를 회복한다는 명분을 내걸었다.

또한 광둥성에는 1840년대 중반 이후 중원지역에서 남쪽으로 장기간에 걸쳐 이동해 온 객가(客家)들이 지역 토착민과 갈등을 일으켜 집단적인 분쟁이 끊임없이 일어나고 있었다. 객가는 주로 소작농 또는 숯쟁이, 탄광노동, 고용노동을 하는 사람들인 반면 향촌 사회는 신사(紳士: 향촌의 지배 세력)를 기반으로 단체를 조직하고 무장하고 있으면서 객가를 소외시켰다.

객가인들은 척박한 땅에 분산되어 있었으므로 응집력은 없었지만 독특한 방언과 관습을 유지하고 있었다. 홍슈취안은 소외되고 억눌리고 있던 객가 세력을 배상제회라는 종교결사로 조직하여 태평천국운동을 펼쳐 나갔다.

:: 객가 출신의 홍슈취안

홍슈취안은 광둥성에 이주해온 객가 출신의 지식인이었다. 농부인 그의 아버지는 아들을 청 조정의 관리로 만들기 위해 어릴 적부터 서당에 보내 과거시험을 준비하도록 했다. 시험에 여러 번 낙방하며 좌절에 빠져 있던 홍슈취안은 1836년 광저우에서 개신교 선교사로부터 얻게 된 《권세양언(勸世良言)》을 읽게 된다. 중국인 개종자를 위해 번안된 성서인 이 책을 통해 전혀 새로운 세상이 있다는 것을 알게 된 그는 독자적인 기독교 세상을 꿈꾸게 된다.

홍슈취안은 객가 출신의 친구인 펑윈산(馮雲山 풍운산)과 함께 1843년 배상제회라는 종교단체를 결성했다. 펑윈산이 신도를 모아 오면 홍슈취안은 하느님과 예수로부터 배웠다는 가르침을 설파하며 적극적인 포교 활동을 펼쳤다. 홍슈취안은 자신을 예수의 동생이라고 했으며 지상에서 고난에 빠져있는 세상 사람들을 구제하라는 하느님의 명을 받았다고 설파했다.

포교활동 1년이 채 되지 않아 신도수는 2,000여 명으로 늘어났다. 1846년 경에는 광시성 출신으로 숯을 굽던 양수칭(楊秀淸), 빈농 출신의 샤오차오구이(蕭朝貴 소조귀), 지주 출신의 웨이창후이(韋昌輝 위창휘), 부농 출신의 스다카이(石達開 석달개) 등이 합류하면서 조직이 급속도로 확대되었으며, 배상제회의 활동은 서서히 정치색을 띠면서 확산되었다.

공자와 맹자를 중심으로 형성된 중국의 전통사상을 배척하는 배상제

홍슈취안과 태평천국의 옥쇄.

회는 지주를 비롯한 지역의 토호 세력들과 충돌할 수밖에 없었다. 이러한 충돌 과정에서 배상제회는 차츰 무장한 조직으로 진화했다.

도광제 사후 청 왕조를 이어받은 함풍제(咸豊帝 재위: 1850~1861)는 배상제회의 동향을 파악하고 아편전쟁 당시 유배를 보냈던 린쩌쉬를 불러들여 진압하도록 명령했지만 린쩌쉬는 군사를 이끌고 가던 도중에 죽고 말았다.

1850년 홍슈취안은 배상제회 교도들을 광시성 진톈(金田)으로 소집하여 가옥과 재산을 공유하며 집단생활을 시작했다. 그들은 기독교 교리에 근거해 엄격한 규율을 만들어 적용하면서 남녀 모두 군사 조직에 편입시켰다. 태평천국 내에서는 남녀평등을 내세우며 전족과 축첩을 폐지했고 술과 담배, 아편은 엄격히 금지시켰다. 변발(뒷머리를 길게 땋아 늘인 것)을 자르고 머리를 길렀으므로 청 조정에서는 그들을 장발적(長髮賊)이라고 불렀다.

이들의 세력이 2만여 명에 이르자 청 왕조는 각지에서 동원한 대규모 병력을 파견하여 진압하려고 했다. 그러나 '영주지전(迎主之戰)'이라 불리는 전투에서 청의 군대가 완전히 패배함으로써 태평천국운동은 새로운 역사를 만들게 된다.

1851년 1월 11일 홍슈취안은 마침내 태평천국의 건국을 선포한다. 스스로 천왕(天王)에 즉위하면서 '멸만흥한(滅滿興漢)'의 구호를 내세우고 모든 사람이 평등한 대동사회 건설을 건국이념으로 제시했다. 태평천국은 당시 외세의 침략과 불안한 내치에 혼란을 겪고 있던 농민층의 절대적 지지를 받으며 혁명 세력으로 급부상했다.

1851년 12월에 양수칭을 동왕, 샤오차오구이를 서왕, 펑윈산을 남왕, 웨이창후이를 북왕, 스다카이를 익왕으로 책봉하고 군사, 정치적 지도체제를 정비한 태평군은 북방으로 진군해 나아갔다. 1853년 1월 후베이성(湖北省)의 우창(武昌)을 점령했을 무렵 태평군은 거의 50여만 명의 대군이 되어 있었다. 태평군이 가는 곳곳에서 빈농, 유랑민, 가난한 노동자들이 속속 합류했기 때문이었다.

이후 태평군은 1853년 3월 강남(江南: 양쯔강을 경계로 흔히 남쪽을 강남이라 하고 북쪽을 강북으로 칭한다.)의 중심지인 난징(南京)을 점령하여 수도로 삼고 톈징(天京)으로 이름을 바꾸었다. 태평천국운동은 봉기에서 난징 점령까지 대단히 짧은 기간에 혁명 세력으로써 놀라운 사회적인 변화를 이끌어냈다.

홍슈취안은 천왕이라는 종교적 권위를 내세워 정치권력을 장악하고 절대적인 영향력을 행사할 수 있었다. 기존의 사회 경제적 모순을 비판하고 새로운 사회를 제시하여 농민을 비롯하여 노동자, 유민, 비밀결사 조직원 등 피지배 계층의 열광적인 호응을 얻었던 것이다.

태평천국의 새로운 통치이념은 1853년 반포된 '천조전묘제도(天朝田畝制度)'에 잘 나타나 있다. 정치, 경제, 사회의 체제와 정책을 새로이 제시한 이 제도는 사회의 최하위 자치행정조직으로 25가(家)를 구성하고 토지

천조전묘제도: 태평천국의 정치, 경제, 사회 등 다방면에 걸친 혁명 강령이다.

와 생산물을 공동으로 소유하며, 최소한의 필요량을 제외한 잉여생산물은 국가에 귀속시키는 것이 핵심이었다.

모든 토지는 국가의 소유이며 토지와 생산물을 노동력에 따라 균등하게 분배했다. 사유권을 강력하게 통제하여 균등한 경제체제를 지향했으므로 기존의 사회지배층인 신사, 지주, 부유한 상인들은 태평천국운동을 거부했다.

난징에 도읍을 둔 이후 태평천국군은 통치영역을 전 중국으로 확대하기 위해, 북벌군은 베이징(北京)으로 향했으며 서정군(西征軍)은 양쯔강 하류에서 상류 쪽으로 진출했다. 1856년 중반 무렵 태평천국군은 양쯔강 유역 대부분을 차지했다.

:: 태평천국의 몰락

서정군이 승리를 거두며 위세를 떨치는 동안 북벌군은 1853년 함풍제가 태평천국군을 진압하라는 명령을 내리면서 위세가 꺾이기 시작하고 내부의 분열이 생기면서 기반이 흔들렸다.

난징에 도읍을 정한 이후 태평천국은 봉건통치 질서를 무너뜨리는 데에는 성공했지만 새로운 제도를 정착시키지는 못했다. 천왕 홍수취안과 동왕 양수청의 대립이 발생했던 것이다. 홍슈취안은 천왕으로서 정치 일선에서는 물러나 교리 연구에 몰두했으며 양수청으로 하여금 군사적 실권을 행사하도록 했다.

그러나 양수청이 천왕 위에 군림하려는 야심을 드러내자 홍슈취안은 1856년 9월 웨이창후이와 함께 군사를 일으켜 양수청과 추종자 2만여 명을 토벌했다. 그러자 스다카이가 반발했으며 그 역시 암살 위협을 받게 되었다. 결국 스다카이는 난징을 탈출하여 태평천국과 결별했으며 1863년 쓰촨에서 청 왕조의 군사에게 섬멸당했다.

태평군 지도자들 사이의 내분은 결국 태평천국의 세력을 크게 위축시켰다. 태평천국 군사 중 일부는 화북 지역의 반란 세력과 제휴하여 세력을 유지했으나, 청 왕조와 향촌에서 조직된 한인 관료 및 지주들의 무장자위대가 태평천국을 집중 공격하면서 급격히 몰락하게 된다.

그 외의 외적 요인으로는 열강의 간섭과 지식인의 공감을 얻지 못했다는 것이었다. 태평천국의 종교적 이념은 중국의 유교 윤리와 가족 질서를 철저히 배격했기 때문에 지식인들을 자기편으로 확보하지 못했던 것이다.

또한 1856년 애로호 사건으로 촉발된 제2차 아편전쟁 이후 청 조정으로부터 여러 가지 이권을 획득한 열강은 태평천국 초기에는 중립적인 태도를 취했다. 일부 선교사들은 기독교의 교리를 기본으로 하는 태평천국의 승리를 자신들에게 유리하게 해석하기도 했다.

그러나 열강들은 아편무역의 합법화, 무역 관세 철폐 등등 과거 불평등 조약을 새로 개정하면서 청 왕조가 유지되는 것이 유리하다고 판단했다. 따라서 근대적인 무기와 외국인 지휘관들을 파견하고, 외인부대까지

서구 열강은 근대적인 무기와 외국인 지휘관들을 파견하고, 외국인부대까지 조직하여 청 왕조의 태평천국 진압에 합세했다.

조직하여 태평천국의 진압에 합세했다.

태평천국의 사상과 기독교 교리를 반대한 향촌의 신사 조직들도 군사를 조직했다. 쩡궈판(曾國藩 증국번: 대지주의 아들이었으며, 청말의 군인, 정치가)의 상군(湘軍), 리훙장(李鴻章 이홍장)의 회군(淮軍) 등이 그들이다. 이들은 처음에는 태평천국의 군대에 밀렸으나 내분이 일어나는 사이에 서양 세력의 군대와 결탁하여 태평천국군을 압박했다.

1860년 청 왕조는 쩡궈판을 흠차대신 및 양강총독에 임명하여 난징을 공략하고, 리훙장은 항저우를 공격했다. 1864년 쩡궈판의 신군은 난징에 입성하며 무자비한 살육을 자행했다. 태평군은 필사적으로 저항했으며, 투항한 사람이 거의 없었으나 결국 난징이 함락된다. 홍슈취안은 자결을 한 것으로 전해져 왔으나 병사했다고도 한다.

한편 이 운동의 말기에 홍슈취안의 친척이었던 홍런간이 '자정신편(資政新篇)'을 간행하고 개혁을 시도했다. '자정신편'에서는 중앙집권의 강화, 서양기술과 문물의 도입, 서유럽 강대국과의 우호적 외교와 교역관계 증진 등 개량적인 근대화를 주장하고 있다. 그러나 개혁을 실현시킬 만한 경제적 기반과 정권이 안정되지 못한 상태에서 난징(천경)이 함락되며 좌절되었다.

태평천국운동은 단순한 농민봉기에서 시작되었지만 궁극적으로는 반봉건적 개혁을 지향했다. 이러한 흐름은 이후 광둥성 출신의 쑨원(孫文)의 삼민주의에 절대적 영향을 끼치게 되어 중국의 근대 혁명 운동으로 계승되었다고 볼 수 있다.

그때 우리나라에서는 ·········
▶ 일본과 조선 사이에 강화도조약 체결(1876)

양무운동

(1860~1894)

쩡궈판, 리훙장 등 태평천국운동 진압에 앞장선 봉건 통치자들이 서양 문물 도입을 주장한 운동이다. 중체서용(中體西用), 즉 서양의 군사 기술, 근대식 공장, 신식 학교, 해외유학생 파견, 외국어 학교 건립 등을 추진했다. 그러나 관료들의 자금 유용과 기업 활동에 대한 정부의 간섭, 청프 전쟁 (1884~1885)과 청일 전쟁(1894~1895)의 패배로 실패로 끝났다.

:: 중체서용론

'양무(洋務)'란 청 왕조와 다른 나라와의 외교 관련 일체를 지칭하는 말이지만, 서양의 과학과 기술을 배워 자강을 이룩하려는 개혁운동을 뜻한다. 직접적인 동기는 아편전쟁 때 서유럽 강대국의 군사력에 자극을 받았기 때문이다. 특히 서구 함선과 우수한 병기는 중국의 재래식 병기를 압도했다.

이 운동의 핵심은 중국의 전통적 가치를 근본으로 삼지만, 서양의 과학 기술만을 습득한다는 정신이다. 이를 중체서용론이라 한다. 즉 중국의 정신은 도(道)와 체(體)에 해당하며, 기(器)와 용(用)은 서구문물을 가리킨다. 즉 서양 문물을 도입해 중국의 전통적 가치를 보완할 수 있다는 것이다.

양무운동을 추진했던 핵심세력은 태평천국을 진압하면서 지방 군벌로 자리잡은 쩡궈판, 리훙장, 쭤쭝탕(左宗棠 1812~1885: 태평천국운동에서 회족과 묘족의 반란을 진압한 군인, 정치가)과 같은 봉건 관료들이었다.

양무운동 초기에는 군사 기술과 무기 도입으로 군사력 강화에 역점을 두었으나, 최초로 미국에 유학생을 보내는 등 교육, 실업 등 각 방면에서도 점차 여러 정책과 사회적 개혁들이 시도되었다. 중국인들은 자강운동을 통해 서양을 제압해야 한다고 생각했다.

양무운동은 태평천국운동이 약화되던 시기에 시작되었으며 1861년 베이징에 외국과의 교섭과 대외무역을 담당하는 총리아문(총리각국사무아문: 세관을 관리했다.)이 설치되었다. 처음에는 주목받지 못했으나, 황족이었던 공친왕 혁흔이 동치제에 의해 의정왕에 봉해지면서부터 청 왕조(동치제 재위: 1861~1874)의 중추적인 기구로 부상했다.

외교의 중요성을 간파했던 의정왕은 청조의 중추기구인 군기처를 총괄하고 총리아문의 최고 장관으로 외교를 관리했다. 아편전쟁 때 서양 강대국의 불평등조약으로 인해 받은 위협을 다시는 겪지 않기 위해서는 서양의 장점과 문물을 흡수해야 한다고 생각했다.

총리아문의 지휘 아래 근대화를 위한 각종 기구들이 설치되었다. 1865년 상하이에 강남제조국(江南製造局), 난징에는 금릉제조국(金陵製造局)이 설립되어 전함, 대포, 총, 탄약 등을 제조했다. 태평천국운동 때 열강들에게서 총, 탄약, 함선을 사들였던 청 왕조는 이제 국가에서 근대식 군수공장을 총괄했다(그러나 리훙장은 총포와 대형 군함을 계속 사들였으며 외국 군함과 중국 본토에서 생산한 군함을 통괄하여 북양수사를 편성했는데 이것이 북양해군이 되었다).

공친왕 혁흔. 함풍제의 동생이다. 서양의 근대지식에 일찍 눈을 떴다. 열강과의 외교적 전략을 바탕으로 근대화를 추진했으나 실패했다.

1868년에는 강남제조국에 번역관을 설치하여 자연과학, 기술, 역사, 국제법에 관한 외국서적을 번역하여 새로운 지식을 습득할 수 있게 했다.

1870년대는 쩡궈판의 뒤를 이은 리홍장의 주도로 항구, 광산, 철도 건설이 이루어졌다. 1873년 윤선초상국(輪船招商局)을 만들어 연해와 내해(양쯔강)에서 운송을 담당하게 했다. 이들의 기선은 영국, 미국의 기선들과 경쟁했다. 1881년 탕산(唐山)－쉬거좡(胥各莊 서각장) 사이에 석탄 수송을 위한 철도가 부설됨으로써 중국은 마침내 근대화의 길이 열리기 시작했다.

1890년에는 상하이 기기직포국(機器織布局)이 설치되고, 1894년 상하이 화성기기방적창, 후베이 방사국(紡絲局) 등이 설립되어 방적부문의 확대도 이루어졌다.

이들 근대 사업을 위한 자금조달 및 경영에는 민간 상공업자들이 참여할 수 있었다. 퇴직 관료, 지주, 매판 자본가들이 외국 자본주의를 모방하여 새로운 기업에 투자했다. 그러나 투자는 할 수 있었으나, 운영은 오로지 봉건 관료들이 주도했다.

양무운동이 활발해지는 동안 중국에 근대적 산업 시설과 기계 공업이 도입되면서 사회 전체에 커다란 변화가 일기 시작했다. 특히 서양 문물을 수용하려는 긍정적인 태도는 교육 분야에서 인재양성을 위한 학교설립이라는 성과로 나타났다.

1862년 베이징 총리아문에
동문관(同文館)을 설치하여 영
어, 프랑스어, 러시아어를 가르
치게 했다. 또한 1866년 푸젠(福
建)에 상정학당(商政學堂), 1867
년 상하이에 기기학당(機器學堂),
1880년 북양수사학당(北洋水師學
堂), 톈진(天津) 무비학당(武備學

무기를 생산하는 금릉제조국

堂) 등의 기계 기술학교 및 군관학교가 설립되었다.

이들 관립학교 외에 상하이 격치서원(格致書院), 정몽서원(正蒙書院) 등의
사립학교도 등장했다. 또한 1872~1884년에 외국으로 유학을 간 중국인
이 120여 명에 이르렀다. 군사, 조선 같은 분야를 공부하게 했으며 주로
영국, 프랑스, 독일로 보내졌다.

:: 근대국가로의 개혁 실패

중화사상을 유지하면서 서양의 신지식과 과학기술의 도입을 위해 시
작된 양무운동은 초기에는 성공하는 듯이 보였지만 근본적인 결함이 있
었다. 당시의 지배계층은 서유럽 강대국의 정치제제, 사회, 문화에 대한
지식과 정보가 거의 없었으며, 그로 인해 왕조가 주도하는 개혁은 곧 한
계를 드러냈던 것이다.

게다가 양무운동의 주체 세력인 지방의 군벌들은 자신들의 실권을 강화시키는 데에만 몰두했다. 특히 리훙장은 청말의 외교 문제를 장악하고 이이제이(以夷制夷: 오랑캐로 오랑캐를 다스린다)를 내세워 태평천국운동을 진압하면서 외세의 무력을 이용했다. 결국 그는 서유럽 열강 세력들과 타협하여 훗날 북양해군을 거느리는 거대 군벌이 되었으며 쮜쭝탕 역시 남양해군을 거느리는 군벌이 되었다.

그러나 외세에 의존했던 군벌들은 결국 스스로 강해지지를 못했다. 인도차이나 반도(베트남)를 두고 싸웠던 프랑스와의 전쟁(1884~1885), 조선에 대한 주도권을 두고 다투었던 일본과의 전쟁(1894~1895)에서 패배하면서 양무운동에 대한 비판론이 제기되고 새로운 정치개혁이 주장되었다.

결국 양무운동은 중국 근대화의 시발점이 되었으나, 청 왕조의 주권은 지켜내지 못했고, 중국인들의 삶도 향상시키지 못했다. 지방의 호족들이 사병을 조직하고 무장시키는 계기가 되어 훗날 이들에 의해 중국의 지방 군벌들이 생겨나게 되었다.

그때 우리나라에서는.........

▶ 위정척사 운동

▶ 임오군란(1882)

▶ 갑신정변(1884)

청일전쟁

(1894~1895)

조선의 지배권을 차지하기 위해 청나라와 일본 사이에 벌어진 전쟁이다. 승리한 일본은 중국의 랴오둥(遼東) 반도와 조선의 지배권을 확보하게 되고 이를 견제하려는 러시아, 영국 등과 본격적으로 경쟁하게 된다.

:: 동학농민운동으로 촉발된 청과 일본의 대결

아편전쟁 이후 청 왕조는 영국 외에도 프랑스, 러시아, 일본의 각축장이 되어 있었다. 19세기 후반 인도차이나 반도에서 영국과 충돌했던 프랑스는 전쟁에서 패배한 후 베트남을 차지하기 위해 청프전쟁(1884~1885)을 일으켰다. 청나라가 패배하여 1885년 두 나라 사이에 조약이 체결되었고 베트남은 프랑스의 식민지가 되었다.

러시아 역시 남하하여 중국의 서북지역을 압박하는 가운데 일본까지 합세했다. 일본은 1880년대 후반 값싼 노동력을 발판으로 자본주의가 급속하게 발전했지만 1890년에 경제공황을 맞게 되었다. 값싼 노동력으로 더 이상 국내시장의 발전을 기대할 수 없게 되고 섬유공업과 군수공업 등에 대한 수년간의 과도한 투자로 경제 공황을 겪게 되었으며 1889년의 흉작은 공황을 더욱 촉진시켰다.

결국 1890년 수입 초과로 인한 무역불균형을 타개하기 위해 해외시장

청의 북양함대를 만들고 지휘한 리훙장.

진출이 불가피한 상황에 이르렀다. 1890~1894년 일본 의회를 중심으로 일본지배층 내부의 대립 격화와 농민, 노동자들의 경제상태 악화로 불만이 증대되자 일본의 지배층은 외부 침략을 통해 해결책을 모색하려고 했다.

한편 제국주의 열강 사이에서 주도권을 장악하고 있던 영국은 중국 서북쪽으로 진출하려는 제정 러시아를 견제하기 위한 새로운 동맹세력이 필요했다. 이에 영국은 청일전쟁이 발발되기 2주일 전인 1894년 7월 16일 일본과의 불평등조약 개정에 동의하는데, 목적은 일본의 침략전쟁을 승인하는 것이었다.

미국 역시 러시아를 견제하기 위해 일본을 원조했다. 한편 러시아는 일본의 조선침략에 대해 경계했지만 적극적으로 개입하지는 않으면서 독자적인 침략 기회를 엿보고 있었다.

1894년 조선에서 동학(1860년 최제우에 의해 창시된 민족 종교. 인간평등과 사회개혁을 추구했다. '서학'이라고 불리는 기독교와 구별하여 '동학'이라고 했다.) 농민운동이 거세게 일어났다. 포악한 관리들의 수탈에 맞서 봉기한 조선의 농민군들은 순식간에 남부지방 전역을 휩쓸었다. 조정에서는 농민군을 진압하기 위한 군대를 파견했지만 그 기세를 꺾을 수는 없었다.

동학농민군의 세력에 다급해진 조선은 청 왕조에 출병해 줄 것을 요청했다. 청은 군사 7,000여 명과 군함을 보내 군사행동을 시작했다. 청군이 출병하자 호시탐탐 조선침략의 기회를 엿보고 있던 일본 역시 텐진조약(일본과 중국은 조선에 군대를 파병할 때는 서로 통보할 것을 약속했다.)에 따라 즉시 조선에 군대를 파견했다. 일본 공사관과 거류민 보호라는 구실로 육해군으로 구성된 대규모 병력을 파병하고 조선의 수도 한양을 장악했다.

:: 일본에 패배한 청의 북양함대

일본군의 침입에 당황한 조선의 조정과 동학농민군은 협상에 나섰다. 농민들의 개혁 요구를 받아들이겠다는 약속을 받은 동학농민군이 전주성에서 군대를 해산하자 조선은 청일 양국에 군대의 철수를 요구했다. 그러나 일본은 동학농민운동이 아직 끝나지 않았으며 조선의 내정개혁이 필요하다는 구실로 철수를 거부했다.

조선에 대한 일본의 내정개혁 요구는 표면적으로는 일본의 자위(自衛)를 위한 것이라고 주장했지만 사실은 러시아에 대처할 전략적 기반을 조선반도에 확보하고 불평등조약 체제를 더욱 강화하여 조선을 식민지화하려는 것이었다.

그러나 조선이 요구를 거절하자 일본은 1894년 7월 무력으로 경복궁을 점령하고 흥선 대원군을 앞세워 친일정권을 수립했다. 그리고 7월 25일 선전포고도 없이 인천 앞바다의 청군을 공격하여 청일전쟁을 도발했다.

8월초 일본군은 아산, 공주, 성환 등지에 포진하고 있던 청나라의 군

웨이하이웨이 기념관. 1895년 일본이 리훙장의 북양함대 기지인 웨이하이웨이를 습격하여 점령함으로써 청일 전쟁은 일본의 승리로 끝났다.

대를 공격해 승리하고 계속 북상하여 9월에는 평양으로 진입했다. 청군은 9월 16일 밤 평양을 포기하고 압록강을 건너 후퇴했다.

일본군은 리훙장의 북양함대(北洋艦隊)를 격파하고 10월 24일 압록강을 건너 중국 본토로 진격했다. 부패한 청 왕조는 우왕좌왕했으며 사기가 저하된 군대는 뿔뿔이 흩어져 11월 22일 랴오둥 반도의 뤼순(旅順)이 점령되기에 이르렀다.

일본군이 북양해군 기지가 주둔해 있던 뤼순 시내에서 시민과 포로 약 6만 명을 학살하고 시가지를 불사르는 만행을 저지르는 동안 청군은 다투어 진지를 버리고 달아났다. 마침내 산둥(山東) 반도의 웨이하이웨이(威海衛 위해위)까지 점령되자 북양함대는 전멸하고 말았다.

:: 강화교섭과 시모노세키조약

전쟁에 참패한 청나라는 강화를 위한 대표단을 일본에 파견했다. 리홍장(李鴻章)을 강화전권대사로 한 청의 대표단은 시모노세키(下關)에서 일본이 제시하는 강화 내용을 받아들이고 1895년 4월 17일 시모노세키조약을 체결했다.

일본은 배상금 2억 냥(3억 엔)과 랴오둥(遼東), 타이완, 펑후제도 등을 할양하며, 쑤저우(蘇州) 등 4개 도시를 개항하고 일본 조계의 개설을 요구했다. 그러나 4월 23일 러시아, 독일, 프랑스가 산둥 반도 부근에 함대를 집결시키고 랴오둥 반도를 포기하라고 압박했다(삼국간섭). 결국 일본은 랴오둥 반도를 포기하는 대신 반환금 3,000만 냥을 요구했다.

이 때 일본은 센카쿠열도(尖閣列島: 중국 지명은 댜오위다오)의 지배권도 자신들의 각료회의에서 결정했다(1895년 1월). 시노모세키 조약에는 일본의 조선 지배를 청

일본과의 전쟁에서 청나라는 패배를 인정했다. 이후 청나라에 대한 열강들의 분할 경쟁이 노골화되었다.

왕조가 인정한다는 내용도 들어 있었다.

:: 제국주의 열강의 침략이 가속화되다

청일전쟁은 향후 동아시아 3국의 진로를 결정하는 중요한 계기가 되었다. 청 왕조는 조공을 바치던 조선이 완전한 자주 독립국이라고 인정했지만 실제로는 조선에서 일본의 독점적인 지위를 인정한 것이었다.

일본은 청일전쟁으로 얻은 막대한 배상금과 무자비한 세금수탈로 적립한 군사비, 식민지 타이완과 전쟁으로 축적한 자본가의 이윤 등을 바탕으로 자본주의의 급속한 발전을 이룩했다. 반면 조선은 동학농민운동으로 표출되었던 개혁 의지가 일본군에 의해 무력으로 진압되어 자주적 개혁이 좌절되면서 일본 및 제국주의 열강의 수탈대상이 되었다.

중국 역시 청일전쟁의 패배로 열강의 중국 분할이 본격적으로 진행되면서 동아시아는 제국주의 시대로 진입하게 되었다. 훗날 일본은 남하정책을 편 러시아와 충돌하여 러일전쟁을 일으킨다.

그때 우리나라에서는·········

▶ 동학농민 운동(1894)

▶ 을미사변(1895)

변법자강운동

(1898)

청일전쟁의 패배로 열강의 이권 침탈이 심화되면서 중국이 반식민지 상태
로 전락하자 이에 자극받은 캉유웨이(康有爲), 량치차오(梁啓超) 등 개혁 성
향의 중국 지식인들이 주도한 운동이다. 이들은 일본의 메이지유신(明治維
新 1868)을 모방하여 의회와 입헌군주제를 지향하고 과거제도를 폐지하고
근대식 교육제도를 도입하고 자 했다. 동시에 농업, 공업, 상업 등의 진흥도
함께 추진했다. 1898년이 무술년이므로 무술변법(戊戌變法)이라고도 한다.

:: 정치체제와 사상의 개혁

청일전쟁의 패배와 양무운동의 실패로 중국은 혼란에 빠져들었다. 시
모노세키조약으로 일본에 2억냥의 배상금을 지불하느라 청의 재정은 바
닥난 상태였으며 서양의 제국주의 열강들은 앞다투어 중국의 영토를 분
할, 점거하려 했다. 영국, 독일, 프랑스 등이 조차지에 철도를 건설하고
광산을 개발하고 공장을 설립하면서 중국은 반식민지 상태로 전락했다.
이러한 상황의 심각성을 인식한 캉유웨이(康有爲 강유위 1858~1927)와 량
치차오(梁啓超 양계초 1873~1929) 같은 지식인들은 중국의 정치, 사회, 제도
에 근본적인 변혁(변법)이 필요하다고 주장했다. 이들은 청 왕조의 체제를
유지하면서 근대화를 이룩하자는 변법파와 청 왕조를 부정하고 공화정이

광서제는 보수 관료들의 반대에 아랑곳하지 않고 젊은 개혁가들의 변화 요구에 관심을 기울였다.

라는 새로운 정치체제를 수립해야 한다는 혁명파로 나뉘었다.

변법파의 대표적인 인물이었던 캉유웨이와 량치차오는 1895년 '1만 어의 상소문'을 작성하여 일본과 맺은 불평등조약(시모노세키조약)을 반대하고 정치체제의 전면적인 개혁을 요구했다. 청 조정은 기존의 제도를 수호하려는 보수파의 세력이 장악하고 있어 개혁안은 쉽게 받아들여지지 않았지만 캉유웨이는 끊임없이 상소를 올렸다.

1897년 이후 독일의 함대가 자오저우만(膠州灣 교주만)을 강점하고, 영국, 러시아, 일본에 의해 중국의 영토가 분할되기에 이르자 캉유웨이는 제5차 상서를 올려 이에 대한 위험을 경고하고 개혁의 필요성을 더욱 강하게 주장했다.

청의 황제 광서제(光緖帝)는 캉유웨이의 상서와 각국의 개혁에 관한 서적 등을 읽고 크게 감명을 받고 제도개혁을 결심하게 되었다. 1898년 황제는 캉유웨이가 제안한 변법을 국시로 정한다는 조칙을 내렸다. 온건한 방법의 개혁운동을 주장하던 관료층과 황족들을 대신해 캉유웨이와 량치차오를 포함한 그의 제자들이 중용되었다.

변법은 총 40~55개 항목의 법령으로 공표되어 중국 사회의 거의 모든 분야를 개혁 대상으로 삼았다. 낡은 과거제도는 폐지되었고 새로운 체계

를 갖춘 신식학교와 대학이 설립되었다. 서양의 자본주의 체제를 모델로
한 공업과 상업의 진흥이 추진되었으며 정부조직의 개편과 법률 개정,
근대식 군사제도 등이 주요한 개혁 목표였다.

:: 위안스카이와 서태후의 반격으로 실패

　광서제와 캉유웨이의 급진적인 개혁에 반대하는 청의 고위 관리들은
개혁 법령을 무시하거나 지연시켰다. 그들이 황제의 명령을 거부할 수
있었던 것은 서태후의 세력을 믿었기 때문이다.

　이화원으로 물러나 있었지만 청의 권력을 장악하고 있던 서태후는 급
진적인 변혁을 자신에 대한 위협으로 간주했다. 서태후가 개혁에 대한
반격을 준비하면서 광서제와 권력 투쟁이 시작되었다. 서태후가 군대를
이동시켜 정변을 일으켜 황제를 폐출시키려 하자 캉유웨이는 상하이에
수도를 정하고 새로운 국호를 채택할 것을 건의했다.

　그러나 광서제는 당시 가장 군사력이 강한 위안스카이(袁世凱 1859~1916
: 리훙장 휘하에서 세력을 키운 군인이며 정치가. 서양식 군대를 도입했다.)에게 시
랑의 관직을 수여하고 보호해 줄 것을 요청하고 개혁파들에게는 이화원
을 포위하고 태후를 살해할 것을 요구했다. 그러나 위안스카이는 양측의
세력을 저울질하다가 결국 개혁파의 계획을 서태후에게 밀고해 버렸다.

　1898년 9월 태후는 광서제를 자금성에 유폐시키고 병을 앓고 있는 황
제를 대신해 자신이 직접 정사를 펼치겠다고 공개적으로 선포했다. 마침
내 서태후의 세 번째 수렴청정이 시작된 것이다. 개혁파들이 선포한 모

든 법령은 폐지되었으며 광서제를 보좌했던 개혁가들을 숙청해 버렸기 때문에 '무술정변(戊戌政變)'이라고도 한다.

캉유웨이와 량치차오는 영국과 일본의 도움으로 망명하여 일본을 거점으로 개혁 활동을 계속했으며 이후 쑨원에 의해 재기한다.

서태후의 쿠데타 이후 대부분의 변법 칙령들은 취소되었지만 근대적인 학교설립과 같은 몇몇 온건한 개혁정책들은 그대로 시행되었다. 1900년대 초, 장즈둥(張之洞 1837~1909)을 비롯한 보수개혁자들에게 개혁운동의 추진이 허용되었지만 단편적이었으며, 변혁의 기운은 소멸되었다.

변법자강운동은 황제의 주도 아래 이루어진 청 왕조의 마지막 개혁운동이었다. 100여일 만에 서태후와 위안스카이 등 보수 세력의 반발로 실패했지만 입헌군주제 수립을 목표로 한 최초의 근대화 운동이었다.

그때 우리나라에서는·········

▶ 대한제국의 성립(1897)

▶ 황성신문 창간(1898)

서태후(西太后 1835~1908)

| 자금성의 영광과 몰락 |

청 왕조 함풍제(咸豊帝 재위: 1850~1861)의 세 번째 후궁이었다. 동치제(同治帝 재위: 1861~1875)의 어머니이며 광서제(光緒帝 재위: 1875~1908)의 이모이다. 보수파 부패관료들의 세력을 기반으로 청 왕조를 47년간 섭정하면서 중국 역사상 가장 강력한 여성 독재자였다.

1851년 16세에 자금성의 궁녀로 들어갔으나 17세에 함풍제의 후궁이 되었으며 1856년 황제의 유일한 아들 재순을 낳아 의귀비로 책봉되었다. 황제가 죽자 당시 여섯 살이었던 재순이 동치제로 즉위했다. 함풍제는 죽을 때 황후가 정사에 간섭할 것을 대비하여 국사를 보좌할 8명의 원로를 선정해 두었다고 한다.

그러나 서태후는 함풍제의 황후인 자안황태후(慈安皇太后: 동태후)와 손잡고 쿠데타를 일으켜 섭정을 넘겨받았다. 모후가 수렴청정을 한 것은 그녀가 최초였다. 선례에 의하면 섭정왕 또는 섭정대신들이 맡았었다. 그녀가 거주하고 있던 서궁(西宮)의 명칭을 따서 서태후로 불리

서태후. 청 왕조 말기에 47년에 걸쳐에 정치의 실권을 행사했다.

게 되었다.

섭정을 반대한 숙순 등의 8명의 가신들은 숙청되었다. 여기에 공친왕(恭親王)도 가세하여 청나라는 3인 집정 시대라 해도 과언이 아니었다. 그나마 중국 남부를 휩쓸었던 태평천국운동(1850~1864)과 북부 지방에서 발생한 반란을 평정했으나, 서양 열강 세력과 손을 잡은 결과였다.

동치제가 죽자 서태후는 동치제의 황후가 섭정하게 될 것을 우려하여 세 살밖에 되지 않은 자신의 조카를 황제(광서제)로 삼고 다시 수렴청정을 했다. 1881년 자안황태후가 갑자기 사망한 후로 서태후가 권력을 독점했다.

서태후는 광서제를 엄격하게 통제하며 돈독한 관계를 유지했으나, 황제의 결혼에 간섭하고 후궁도 직접 고르는 등 모든 일에 관여하자 광서제는 서태후의 섭정에서 벗어나려 했다. 광서제는 개혁주의자 캉유웨이의 영향으로 청 왕조의 근대화와 부패를 제거하기 위한 변법을 추진했으나 서태후와 결탁을 한 위안스카이의 배신으로 개혁은 실패하게 되었다.

어린 시절의 푸이.

광서제를 유폐시키고 다시 섭정을 시작한 서태후는 1900년 반제국주의를 주장하는 의화단운동이 일어나자 그들과 손잡고 열강 세력에 저항했으나, 외국 연합군에 의해 베이징이 함락되었다. 결국 서양 열강에 중국의 이권을 넘겨주는 신축조약(1901)을 체결했다. 말년에 자신이 무산시켰던 개혁 정책을 실시하려 했으나 1908년 그녀가 죽을 때쯤 청나라는 이미 서양의 반식민지 상태나 다름없었다. 그녀가 죽기 전날 10년간 유폐되어 있던

베이징의 자금성을 배경으로 한 영화 '마지막 황제'.

광서제의 죽음이 공표되었는데, 그녀의 명에 따라 독살된 것으로 추측된다.

광서제는 38세의 나이로 요절했으며, 서태후는 죽기 전 광서제의 동생 순친왕을 황제로 지목했다. 세 살의 나이로 황제가 된 그가 바로 청 왕조의 마지막 황제, 선통제 푸이(溥儀 1906~1967)이다.

청 왕조에서 최고의 권력과 온갖 사치를 누렸던 서태후가 푸이에게 남겨준 것은 몰락한 청의 왕실이었다. 결국 중국 왕조 시대의 마지막 황제가 된 푸이는 중국 근현대사의 비극을 그대로 겪게 된다(1987년 제작된 베르나르도 베르톨루치 감독의 영화 '마지막 황제'는 세 살에 자금성의 황제로 추대되었으나, 1945년 일본이 패망할 때 전범으로 전락하게 된 푸이의 드라마틱한 일생을 소재로 했다).

의화단운동

(1899~1901)

청(淸) 왕조 말기, 열강의 제국주의에 반대하여 일어난 민중봉기이다. 기독교를 비롯한 서양 세력을 반대했다. 무책임한 청 왕조의 대응으로 베이징이 열강의 군대에 의해 진압되면서 실패로 끝났으나 중국 민중의 저항 의지를 보여준 사건이다.

:: 백련교 계통의 비밀 결사 조직

의화단 깃발. 외국인은 의화단원을 중국의 전통무술에 능한 사람이라는 의미에서 'Boxer(拳民)'라고 불렀다.

의화단(義和團)은 원래 의화권(義和拳)으로 알려진 중국의 비밀결사 조직이었다. 자신들만의 독특한 권법, 봉술, 도술로 신체를 단련하고 동시에 종교적인 활동을 겸한 민간 사조직이다.

권법을 익히고 주문과 부적과 같은 의식을 통해 초자연적인 힘을 얻을 수 있다고 믿었다. 서구 열강의 세력과 만주족 청나라를 배척하면서 무장 조직으로 확대되었다.

의화권의 기원은 18세기 말~19세기 초, 반란을 조장했던 대도회(大刀會)로부터 시작되었다. 대도회는 장쑤성(江蘇省), 허난성(河南省), 안후이성(安徽省), 산둥성(山東省) 지역에서 일어난 백련교(미륵을 숭배하여 정통 불교로부터 이단으로 배척받았으나 고통 받던 민중들에게 수용되어 비밀 결사조직으로 발전하였다. 명, 청 시기에 난을 일으켰다.) 계통의 비밀 결사이다.

당시 산둥성 동부 지역과 대운하 주변은 일찍부터 자본주의와 제국주의 열강의 경제적 침탈로 인해 고통을 받고 있었다. 외국산 상품이 들어와 중국의 농업, 수공업 경제가 파탄에 이르러 중국 민중들의 불만이 쌓여갔다.

또한 제2차 아편전쟁 후에 맺어진 톈진, 베이징조약에서 기독교 포교 활동을 인정했기 때문에 유교, 불교, 도교와 같은 중국의 전통 사상은 새로운 종교와 대면하게 되었다. 교회를 비롯하여 천주교 성당이 곳곳에 세워졌다. 여기에 청에 대한 일본과 열강들의 군사적 행동은 강력한 서양 배척운동으로 확산되었다. 농민들을 비롯한 기층 사회는 스스로를 지키기 위해 무장 조직을 시작하게 된 것이다.

대도회가 반기독교 운동을 벌이는 과정에서 독일인 선교사 2명이 살해되는 사건이 발생했다. 독일은 청 왕조에 책임을 묻고 외국인들이 안전

서양 세력을 물리쳐야 한다는 의화단의 격문.

하게 거주할 수 있는 곳을 요구했다.

결국 자오저우만(膠州灣)(산둥성 남쪽. 현재 독일의 기술을 이어받은 칭다오淸道 맥주로 유명한 곳이다.)을 자신들의 조계지로 만들었다. 이러한 상황은 서구 열강에 대한 중국인의 감정을 더욱 자극했다. 특히 기독교 선교사들의 포교 활동은 의화단의 분노를 폭발시키는 계기가 되었다.

:: 청 왕조를 일으키고 서양 세력을 멸하다

1899년 말 이후에는 의화단원들이 중국인 기독교 신자들과 서양인 선교사들을 공격하기 시작했다. 기독교에서는 규범적인 중국 고유의 전통 의례를 반대했으며, 종교적인 의미에서 가족 관계 보다는 신에 대한 복종을 우선시했기 때문이다.

또한 선교사들이 지방 관리들에게 영향력을 행사하면서 기독교 신자와 민중들 사이에 소송과 분쟁이 빈번히 발생했다. 따라서 차츰 중국인들 사이에 외국 공사와 선교사, 외국 상인에 대한 적대감이 커져 갔다. 한편 1898년 무술정변 이후, 청 왕조는 서태후를 비롯한 보수파 만주족이 조정을 장악한 상태였다. 서태후는 자신의 권력을 유지하기 위해 의화권에게 청에 대한 저항을 중지하고 힘을 합쳐 외세를 몰아내자고 제의했다.

의화권은 '부청멸양'(扶淸滅洋: 청 왕조를 일으키고 서양 세력을 멸하자)의 구호를 내걸고 난을 일으켰으며 서태후는 이들을 '의화단'(정의롭고 화합을 하는 민병)'이라는 이름으로 바꾸고 지방군으로 편입시켰다. 따라서 청 왕조와 의화단은 힘을 합쳐 열강에 대항하려는 것으로 보였다.

1900년 의화단은 각지의 세력들을 규합하여 대대적인 공세를 펼쳤다. 2~6월 사이에 텐진(天津)을 점령하여 교회를 비롯하여 외국의 공사 및 기관들을 파괴했다. 영국, 프랑스, 미국, 독일의 4개국 공사는 청 조정에 의화단을 진압해 줄 것을 요구했다.

그러나 1900년 5월 의화단은 수도 베이징 주변의 농민들과 합세하여 베이징으로 진입했다. 서구 열강은 서태후가 의화단을 진압하지 않은 것을 비난하며 그녀의 퇴진을 요구했다. 그리고 그녀에 의해 폐위되어 있던 광서제를 복위시킬 것이라 압박했다.

서태후는 전쟁을 결심하고 선전포고를 했다. 모든 외국인을 살해하라고 명하자, 의화단과 청 조정의 군대는 베이징의 외국 공사관을 포위했다. 베이징 내의 외국 상점들과 교회가 불태워졌으며 수백 명의 중국인 신도들도 살해되었다.

:: 서양 연합군에 의한 베이징 함락

1900년 6월 초 베이징이 의화단의 세력으로 포위되자 영국, 프랑스, 독일, 러시아, 일본, 미국, 이탈리아, 오스트리아가 연합군을 구성했다. 1만 8,000여명의 연합군은 텐진의 다구포대를 점령하여 베이징 경로를 확보한 다음 8월에 베이징으로 들어갔다.

억류되어 있던 외국인과 기독교 신도들이 연합군에 의해 해방되었다. 베이징이 함락될 때, 서태후는 광서제와 일부 황족, 대신들과 함께 변장

8개국으로 구성된 연합군에 의해 베이징은 무참하게 약탈당했다.

을 하고 탈출하여 시안(西安)으로 도망쳤다. '베이징 최후의 날'이라고도 알려진 이날, 열강의 약탈에 의해 베이징은 온통 화염에 휩싸였다.

시안에 마련된 서태후의 망명 정부는 리훙장(李鴻章)에게 전권을 위임하고 서양 열강과 정전협상을 진행하게 했다. 1901년 9월 적대 행위를 중단하고 외국 열강에게 배상금을 지급한다는 내용이 포함된 신축조약(辛丑條約) 즉, '베이징의정서'가 체결되었다.

1. 중국은 배상금 4억 5천만 냥을 1940년까지 지불하며 연이율은 4%로 한다. 관세, 통과세, 염세를 담보로 한다.
2. 공사관 구역에 대한 공격과 기독교도 피살 사건에 대해 사과한다.
3. 다구포대를 철거하고 베이징 공사관과 교통의 요지에 각국의 군대를 주둔시킨다.

그 외에 외국인 배척을 금지하며 2년 동안 무기와 탄약 제조를 위한 원료 구입을 금지하는 내용도 포함되어 있다.

조약 체결 후 연합군이 베이징에서 철수하자 청 조정과 함께 서태후는 베이징으로 돌아올 수 있었다. 서태후는 변법 개혁에 반대했었으나, 열강의 세력 앞에서 청 왕조가 무력하게 무너지는 변란을 겪은 후 개혁의 필요성을 인정하게 되었다.

과거제도를 폐지하고 근대식 학교를 설립했으며, 다양한 사상을 접할 수 있는 출판의 활성화, 외국 유학을 장려하는 등 교육 개혁을 단행했다. 또한 정치 개혁과 군사력 강화를 통해 근대국가의 모습으로 지향하려고 했다. 그러나 이미 청 조정은 중국을 통치할 능력을 상실한 상태였으며 서구 열강에 의해 영토가 분할되는 등 반식민지 상태나 다름없었다.

의화단 잔존 세력은 이후에도 청의 관료들과 서구 열강에 맞서 저항을 하며 다시 봉기하려고 했으나 성공하지 못했다. 의화단은 빈농을 비롯하여 하류 계층의 민중들에 의해 자발적으로 분출된 혁명이었다. 그러나 실패로 끝이 나면서 열강 침략에 대한 중국인들의 저항은 좌절되었다. 다만 청 왕조의 무능함을 확인하는 계기가 되어 이후 중국의 지식인, 소자본가 계급들도 청 왕조를 타도해야 한다는 의식에 동참하기 시작했다.

그때 우리나라에서는 ⋯⋯⋯⋯

▶ 을사늑약(1905)

▶ 일본의 협박으로 고종 강제 퇴위(1907)

▶ 동양 척식 주식회사 설립(1908)

제2장
중화민국의 탄생과 정치적 혼돈의 시기

신해혁명

(1911~1912)

1911년(辛亥年) 2,000여 년 동안 중국을 지배했던 황제 중심의 중앙집권 체제가 무너지고 입헌군주제의 중화민국을 탄생시킨 혁명이다. 쑨원(孫文 1866~1925)이 초대 총통으로 추대되었다. 이후 중국에서 황제 세습제도는 역사 속으로 사라졌다.

:: 중국 혁명의 시작, 쑨원

신해혁명은 철도의 국유화를 반대하는 시위에서 촉발되어 1911년 우창(武昌)에서 벌어진 대대적인 민중봉기가 직접적인 원인이 되었다. 중국 혁명의 아버지라 불리는 쑨원의 삼민주의가 민중의 의식을 자각시킨 것이 결정적인 역할을 했다.

쑨원은 1866년 광저우(廣州)의 가난한 농가에서 태어났다. 홍콩, 마카오와 더불어 서구 세력들이 중국으로 드나드는 관문 역할을 하고 있던 광저우에서 태어난 쑨원은 어린 시절부터 서양인들을 접하면서 성장했다. 13살 무렵 형이 사탕수수 농장을 경영하고 있던 하와이의 호놀룰루로 건너갔다. 그곳에서 서양의 신학문과 기독교 교리를 배웠다. 신학문과 기독교는 불가분의 관계였으므로 쑨원은 기독교로 개종한다.

5년 후 중국으로 돌아와 홍콩에서 서양 의술을 공부하여 의사로 활동했다. 이 무렵 청 왕조의 무능과 부패에 환멸을 느낀 그는 혁명을 꿈꾸기 시작했다. 홍콩과 하와이를 오가며 만주족 정권인 청 왕조를 타도하고 한족(漢族)의 공화정을 수립하자고 주장하며 혁명 단체를 조직했다. 왕조 타도와 개혁만이 제국주의와 봉건 세력의 착취로부터 중국 민중을 구할 수 있다고 생각했다.

1894년 6월 쑨원은 당시 실력자였던 리훙장(李鴻章)에게 부국강병과 동시에 중국 민중을 개화시키는 개혁안을 제시했다. 그러나 개혁안이 무시되자 하와이로 건너가 최초의 해외 혁명세력인 흥중회(興中會)를 결성했다. 해외 비밀결사조직인 흥중회에는 상인과 농장주와 같은 일부 자산가와 지식인 청년과 노동자들이 참여했다. 홍콩에도 흥중회의 지부를 설치하고 하와이 조직과 연계하며 조직을 늘려나갔다.

1895년 쑨원은 마침내 3,000여명의 혁명세력을 모아 광저우에서 최초의 반청(反淸) 봉기를 계획했지만 사전에 누설되어 동지들은 체포되고 처형당했다. 봉기 주모자로 체포령이 떨어진 쑨원은 중국을 떠나 미국과 일본을 돌며 해외 동포들에게 혁명을 호소했다.

쑨원은 청 조정의 감시와 추적을 피해 영국으로 망명길에 나섰지만 영국 주재 청국 공사관이 쑨원을 납치하여 본국으로 송환하려고 했다. 영국인 친구의 도움으로 위험에서 벗어난 쑨원의 불법적인 납치사건은 국제적으로 널리 알려지게 되었고 쑨원은 전 세계에 중국의 혁명가로 각인되었다. 영국에 머무는 동안 쑨원은 매일 대영박물관의 도서관에서 유럽의 정치사회 구조를 연구하여 자신의 삼민주의(三民主義) 사상의 기초를 구상했다.

쑨원의 삼민주의는 '민족주의, 민권주의, 민생주의'이다. 민족주의는 제국주의의 식민지가 되고 있는 청 왕조를 타도하고 한족 국가를 세우는 것이며, 민권주의는 인민의 권리가 보장되는 민주적인 정치체제를 실현시키는 것이며, 민생주의는 토지개혁을 통해 평등한 토지 분배를 이루는 것이다.

쑨원은 변법자강운동이 실패한 후 일본으로 망명해 있던 캉유웨이와 량치차오의 개혁파와 연합을 모색한다. 캉유웨이는 쑨원의 제의를 거절했지만, 량치차오는 쑨원과 함께 혁명세력을 규합한다. 또한 의화단운동의 충격적인 패배가 반청 혁명세력들이 다시 규합하는 계기가 되면서 중국의 혁명운동은 새로운 전기를 맞게 되었다. 그 과정에서 중국의 인민들은 쑨원을 애국의 혁명가로 지지하기 시작했다.

:: 일본 유학생의 혁명조직 중국 동맹회

청 조정이 근대적 개혁을 추진하면서 교육 분야에서는 신식학교의 도입으로 일본 유학생이 크게 늘어났다. 사회체제에 대한 새로운 지식을 접하게 된 일본 유학생들 사이에서는 혁명의 열기가 고조되기 시작했다. 유학생들은 혁명을 강조하는 잡지와 번역서들을 중국 내로 유입시키면서 중국 국내에도 혁명을 지지하는 단체들이 생겨나기 시작했다.

1903년 황싱(黃興) 등의 유학생들이 중심이 되어 후난성 창사(長沙)에서 화흥회(華興會)를 조직하고 1904년 상하이(上海)에서는 차이위안페이(蔡元培), 장빙린(章炳麟) 등이 광복회(光復會)를 조직했다. 1905년 8월에 각지의 혁명 단체가 통합되어 도쿄(東京)에서 단일 혁명조직인 중국 혁명동맹회

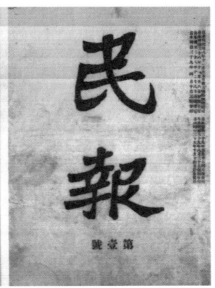
중국 동맹회 기관지 민보(1906).

가 결성되었다.

　동맹회는 쑨원을 총리로 추대하고 쑨원의 '삼민주의'를 강령으로 채택했다. 기관지 《민보(民報)》를 창간하여 본격적으로 혁명을 선전하기 시작했다. 쑨원을 중심으로 유학생, 진보적인 문인, 군 장교와 같은 중국의 지도층 인사들이 혁명 활동의 중심이 되었고, 조직이 확대되자 반청 봉기가 준비되었다.

　1895년 광저우에서 시작되었던 반청 봉기는 1900년까지 주로 서남 지역이 주요 근거지였다. 1900년 의화단운동이 일어난 시기를 전후해서 양광(광둥廣東, 광시廣西), 후이저우(惠州) 등에서 10여 차례 일어났던 봉기는 모두 실패했다.

　동맹회를 이끌던 쑨원의 혁명 동력이 지지부진하자 쑹자오런(宋敎仁

1882~1913)이 중심이 되어 동맹회의 중부총회가 결성되어 1911년 7월에 혁명을 준비했다. 상하이에서 시작된 '창장(長江)혁명'으로 변경 지역이 아닌 창장(양쯔강) 유역에서 봉기를 일으키고 베이징으로 북진하여 후난성(湖南省)과 후베이성(湖北省)을 장악하는 것을 목표로 했다. 그러나 중국 국내에서의 혁명도 결집을 만들어내기에는 아직 역량이 부족했다.

:: 철도 국유화 반대로 시작된 혁명의 불길

국내외 혁명 세력의 활동과 관계없이 중국 내 개혁의 요구도 뜨겁게 달아오르고 있었다. 의화단운동 이후 청 조정은 시대적 요구에 맞춰 정치체제의 개혁을 위해 '입헌'을 실시하겠다고 공언했다. 그러자 그동안 정치에서 소외되어 제도적인 정치참여를 꾀하고 있던 신사층(紳士層: 명, 청 시대의 지배 계층. 과거의 호족, 귀족과는 성격이 다른 향신 세력으로 지방의 자산가와 상인)은 즉시 헌법제정과 국회와 지방의회 개설 등을 요구하는 입헌운동을 펼쳤다.

청 왕조의 입헌준비에 의해 지방의회와 국회의 전신이라 할 수 있는 자의국(諮議局)과 자정원(資政院)이 1909~1910년에 개설되었다. 그러나 청 왕조가 주도하여 실시하려는 입헌제는 황제의 지위를 중시하고 의회를 억제하려는 것이었다. 의회의 권한이 황제의 권력에 미치지 못하도록 황제의 권한은 그대로 유지하면서 정권의 조직 형식만 조금 바꾸는 것일 뿐이었다.

그로 인해 청 조정의 이러한 태도를 지지하는 입헌파와 이를 반대하는 급진적인 혁명파로 나뉘면서 혁명의 주도권을 확보하려는 다툼이 시작됐다. 더욱이 지방의 성(省)을 중심으로 활발히 펼쳐지고 있던 이권회수와 관련된 문제는 혁명파와 청 왕조 사이를 첨예하게 대립하도록 만들었다.

그동안 열강에게 허용했던 철도와 광산의 이권을 회수하려는 운동이 각 지역에서 활발히 전개되고 있었다. 대표적인 것이 철도 부설권에 관한 문제였다. 1911년 5월 청 왕조가 한커우(漢口)-쓰촨(四川), 한커우(漢口)-광저우(廣州) 철도노선의 국유화를 선포하며 지방의 이권을 무시하자 각 성에서 반발이 일어났던 것이다.

당시 철도 부설은 주로 외국 자본에 의해 이루어지고 있었지만, 각 성의 자산가와 상인들로 구성된 신사 계급이 기금을 모아 새로운 철도를 건설 중에 있었다. 그런데 모든 민영 철도회사를 국가가 회수하고 외국의 차관을 빌려 철도를 건설하겠다는 정책을 수립한 것이었다. 지방 각 성의 민간 자본가와 지식인들이 즉시 반대하고 나섰다.

쓰촨에서 거세게 일기 시작한 반대 운동은 후난, 후베이, 광둥으로 번지며 전국적으로 확산되었다. 시위 진압을 위해 총격을 가하는 강경한 태도에 맞서 시위대는 마침내 청 왕조의 타도를 외치기 시작했다.

:: 신해혁명의 도화선, 우창 봉기

철도 분규에서 비롯된 시위대와 혁명 세력이 결합하면서 1911년 10월 10일 후베이성(湖北省) 우창(武昌)의 신군(新軍: 1900년 청 조정에 의해 현대식 장비로 무장된 군인 조직)이 시도한 봉기는 신해혁명의 도화선이 되었다.

10월 10일 밤 우창의 신군들이 쿠데타를 일으키자 청 왕조는 정부군을 보내 진압을 시도했다. 그러나 이미 신군 내부에 침투해 있던 지식청년들은 쿠데타를 혁명으로 전환시키고 있었다. 반대파 장교들을 제거한 신군이 양광총독의 관서와 사령부를 점령하면서 우창은 하루만에 혁명의 도시가 되었다.

우창에 이어 11일, 12일에는 한커우(漢口), 한양(漢陽)의 신군이 합류하여 우한 3진(한커우, 한양, 우창)을 완전히 통제하는데 성공하면서 혁명의 열기가 전국을 휩쓸기 시작했다. 신군의 봉기가 성공할 수 있었던 가장 중요한 요인은 혁명사상을 갖춘 일반 지식인과 학생들이 신군에 합세했기 때문이었다.

혁명군은 후베이성 자의국에서 도독(都督)의 선출과 군정부의 수립을 위한 회의를 열고, 입헌파의 제의에 따라 신군 장교 리위안훙(黎元洪 여원홍: 북양해군 출신으로 혁명과 관련이 없었으나, 혁명군에 의해 연금 상태에서 발탁되었다.)을 도독으로 추대하여 혁명군 정부를 수립했다. 쑨원은 당시 국외에 체류하고 있었다.

우창의 혁명 운동은 곧바로 중국 전역으로 퍼져나갔으며 봉기 후 1개월도 되기 전에 산시(陝西 섬서), 산시(山西)의 북방 2성과 후난(湖南), 구이저우(貴州), 윈난(雲南), 장쑤(江蘇), 안후이(安徽), 저장(浙江 절강), 푸젠(福建), 광둥(廣東), 광시(廣西) 등 남방 대부분의 성과 상하이가 독립을 선포했다.

화북과 동북을 제외한 남방의 대부분의 지역이 혁명파를 지지하고 독립을 선언했다. 독립한 각 성은 통일적인 임시중앙정부의 수립을 위해 각성 도독부대표연합회와 각성 대표회의를 소집했다.

신해혁명으로 수립된 후베이 성 혁명 정부.

:: 중화민국 임시 대총통, 쑨원

각 성의 대표들이 모여 새로운 체제의 나라를 만들겠다는 구상을 정리하여 만주족의 나라인 청을 버리고 국호를 '중화민국'으로 정했다. 이들은 혁명의 정당성을 구체화하고 청 왕조와의 단절을 결의하고 외국 영사들에게도 알려 중립을 유지해 줄 것을 요구했다.

혁명세력이 중국을 완전히 장악한 듯했지만 청의 마지막 황제, 푸이(溥儀 부의)도 최후의 반격을 모색했다. 위안스카이(袁世凱)를 흠차대신으로 임명하고 전권을 위임하여 혁명군을 공격하도록 했다. 11월 27일 한커우와 한양이 위안스카이의 북양군에게 함락되자 북벌을 계획했던 혁명 세력은 극적인 반전을 노리고 전열을 재정비해 1911년 12월, 난징(南京)으로 향했다. 혁명 세력은 난징에 임시혁명정부를 수립하고, 쑨원은 외국

신해혁명은 청 왕조를 종식시키고 1912년 새로운 공화국 중화민국을 탄생시켰다. 중화민국의 대총통에 취임한 쑨 원과 부인 쑹칭링.

에서 미국, 영국, 프랑스 등 열강이 혁명 정부를 승인해 줄 것을 요구하는 외교 활동을 벌였다.

1911년 12월 25일 쑨원이 상하이로 돌아오자, 혁명 정부와 각 성 대표들은 만장일치로 쑨원을 중화민국 임시대총통으로 추대했다. 1912년 1월 1일 정식으로 '중화민국'이라는 공화국 정부가 탄생한 것이다. 이것은 2,000년 동안 지속되어 온 중국의 절대군주제도가 막을 내리는 역사적인 순간이었다(남북이 완전히 통합된 것이 아니었기 때문에 난징 정부라고도 한다).

:: 위안스카이의 배반

신해혁명에 의해 봉건 왕조를 타도했으나, 난징 정부로서는 청 왕조의 황실을 어떻게 할 것인지를 결정해야 했다. 또한 청 왕조로부터 전권을 위임받고 있는 위안스카이의 세력도 여전히 위협으로 남아 있었다. 또다시 중국 전체가 내전에 휩쓸리는 것을 막기 위해 쑨원은 위안스카이와의 타협을 모색했다. 쑨원은 청 왕조를 퇴위시키고 공화제를 실현시킨다는 원칙을 지킨다면 위안스카이에게 총통직을 양보하겠다고 제안했다.

결국 위안스카이가 1912년 2월 12일 마지막 황제 푸이의 퇴위를 실현시킴으로써 268년간 중국을 통치했던 청 왕조는 막을 내렸다. 다음날 쑨원은 사직했고 위안스카이가 중화민국 임시대총통으로 다시 선출되었다.

신해혁명으로 비록 왕조에서 입헌공화제 국가로 출발하게 되었지만, 구세력인 위안스카이가 정권을 재장악한 상황은 삼민주의 중에서 민권주의와 민생주의는 실현되지 않은 것이었다. 다만 만주족을 물리쳤다는 점에서 민족주의는 실현되었다고 평가되지만 여전히 봉건적 잔재와 제국주의 세력은 해결되지 않은 과제로 남아 있었다. 즉, 불합리한 사회 체제에 대한 불만은 유의미한 세력으로 결집되었으나, 혁명을 완성하기에는 아직 사회적 기반 자체가 미성숙했던 것이다. 따라서 신해혁명을 '미완의 혁명'이라고 부르기도 한다.

그때 우리나라에서는………

▶ 안중근 의사, 하얼빈에서 이토 히로부미 저격(1909)

위안스카이와 군벌의 시대

(1912~1920)

청 왕조가 몰락하고 중화민국이라는 입헌공화국이 탄생되었지만 새로운 황
제가 되려는 야망을 품고 있던 위안스카이는 중국의 혁명이라는 역사의 흐
름을 배반한다. 이후 중국은 군벌들이 난립하는 혼란의 시기를 겪게 된다.

:: 북양군벌의 정치집단

위안스카이는 1859년 허난성(河南省)의 지주 가문에서 태어났다. 향시
에 실패하고 리홍장(李鴻章)이 지휘하는 군대에 들어가 군사적 경력을 쌓
았다. 특히 1882년 임오군란(고종 19년. 일본식 군사제도와 민씨 정권에 대한 반
발로 조선의 구식 군대가 일으킨 변란) 때 조선에 파견되어 흥선대원군을 임오
군란의 책임자로 지목하고 청나라로 압송했다.

또한 1884년 갑신정변이 일어났을 때 일본군에 의해 고종이 납치되자
일본군을 공격해 구출해냈다. 이처럼 조선에서 벌어지는 일련의 정치적
위기상황에서 거두었던 공적을 인정받아 1885년 조선 주재 총리교섭통
상대신으로 임명되었다. 이후 조선의 내정과 외교를 간섭하며 조선에서
일본과 러시아의 세력을 견제하는 데 중대한 역할을 했다. 그러나 청일
전쟁(1894~1895)이 일어나는 것을 막지는 못했다.

청일전쟁에서 패배한 청 조정은 가장 강력했던 리홍장의 북양함대가

궤멸한 상태에서 내외 적들의 공격에 무방비 상태가 되고 만다. 그 결과로 위안스카이는 리훙장의 뒤를 잇는 새로운 군사 실력자로 떠오르게 되었다.

위안스카이의 휘하에 있던 톈진의 북양군(北洋軍)은 1900년의 의화단 운동을 진압하고 살아남은 유일한 관군이었다. 위안스카이는 1901년 즈리(直隸) 총독과 북양대신으로 임명되어 중국 근대화와 군사개혁에 결정적인 역할을 하면서 북양군을 중심으로 강력한 군벌 정치 집단을 형성해 갔다.

위안스카이가 정권을 잡을 수 있었던 것은 서태후의 신임 때문이었다. 그러나 1908년 서태후가 사망하고 세 살이었던 선통제가 즉위하자, 어린 황제의 섭정이었던 순친왕(醇親王)은 위안스카이의 모든 관직을 박탈했다. 따라서 잠시 정치의 전면에서 물러나 있을 수밖에 없었으나, 1911년 신해혁명으로 왕조가 위협을 당하자 황제는 다시 그에게 전권을 주면서 도움을 청했다.

:: 중화민국의 초대 대총통으로 취임한 위안스카이

신해혁명이 성공하여 비록 공화정이 수립되었으나 혁명군 내부는 아직 혼란한 상태를 수습하지 못하고 있었다. 외국에서 오랫동안 활동해온 쑨원은 국내의 지지 세력이 약했으며, 특히 재정과 군사 문제에서는 열세였다. 그로 인해 막강한 군사력을 보유하고 있던 위안스카이가 보수파와 혁명파 사이에서 당시의 혼란을 해결할 수 있는 유일한 인물로 떠오르게 되었다.

베이징에 남아 있던 보수파와 난징의 중화민국 정부는 위안스카이가 중화민국의 초대 대총통으로 취임하는 것에 동의했다. 그러나 위안스카이는 약속했던 공화제의 이행을 배반하기 시작했다.

쑨원의 참모였던 쑹자오런(宋敎仁)을 중심으로 한 혁명 세력은 국민당을 조직하고 선거에서 압도적인 승리를 거두었다. 이들은 정당정치와 책임내각을 강력하게 주장하며 위안스카이를 견제하려고 했다. 위안스카이는 쑹자오런을 회유하려 했으나, 실패하게 되자 암살해 버리고 제정(帝政)을 부활시켜야 한다는 여론을 만들어 퍼뜨리기 시작했다. 위안스카이는 의회를 분열시키기 위해 수단과 방법을 가리지 않았다.

당시 열강들은 위안스카이가 자신들에게 이익이 될 것이라고 생각하여 정치적, 재정적 지원을 약속했다. 이러한 여건들은 위안스카이로 하여금 제정을 부활시켜 황제가 되고 싶은 욕망을 더욱 강하게 품도록 만들었다.

일본 유학생 혁명단체 화흥회와 쑹자오런(앞줄 오른쪽 2번째). 쑹자오런은 쑨원의 가장 유능한 참모였다. 위안스카이의 세력을 견제하다가 살해되었다.

국가 재정이 거의 바닥이 난 상태에서 자신의 정권 강화를 위한 자금이 필요했던 위안스카이는 외국에서 차관을 들여오기로 결정했다. 1913년 4월 일본, 영국, 프랑스, 독일, 러시아 등 5개국으로부터 '선후차관'이라는 거액의 차관을 받아냈다. 중국의 염세와 관세를 담보한 것이었지만 국회의 의결도 거치지 않았기 때문에 쑨원을 비롯한 국민당 의원들은 불법적인 차관을 거부하며 정부 탄핵안을 제출했다.

　그러나 위안스카이가 군대를 동원하여 압박하자 이에 반발한 지방의 혁명파들이 독립을 선언하고 상하이를 중심으로 다시 반(反)위안스카이 폭동을 일으켰지만 위안스카이 휘하의 장군들에 의해 진압되고 말았다. 이것을 '제2혁명'이라고도 한다. 결국 중국에서 최초의 의회 민주주의는 실현되지 못했으며, 폭동을 진압했던 위안스카이의 장군들이 양쯔강 유역을 지배하는 지방 군벌로 자리잡기 시작했다.

::군주제의 부활을 꿈꾸다

　제2혁명을 진압한 위안스카이는 임시대총통이 아니라 종신대총통이 되고자 했다. 1913년 10월 선거에서 '공민단(公民團)'이라는 어용단체를 조직하여 정식 대총통으로 선출되었다. 이후 헌법을 폐기하고 자신을 반대하는 국회와 국민당을 해산시켜 버렸다. 그리고 1914년 국민대회를 소집하여 새로운 '중화민국약법'을 통과시켰다. 이 법에 의하면 총통 임기는 10년이며 무기한으로 연임이 가능하며 후계자를 지명할 수 있었다.

　표면적으로는 총통이었지만 황제나 다름없는 것으로, 위안스카이는

위안스카이와 미국 시절단. 일본과 유럽 열강은 위안스카이의 정권에 회의적이었으나, 미국의 여론은 초창기에는 위안스카이에 대해 우호적이었다.

제정을 부활시켜 황제가 되고 싶었던 것이다. 그는 이미 공화제가 아니라 다시 군주제로 돌아갈 준비를 시작했던 것이다.

그러나 1914년 유럽에서 제1차 세계대전이 발발하고 서구 열강들이 전쟁이 휘말리면서 동아시아의 정세에 커다란 영향을 끼치게 되었다. 자본주의 국가로 성장하고 있던 일본은 이 기회를 이용하여 중국으로 진출할 기회를 엿보고 있었다.

일본은 위안스카이가 황제에 오르는 것을 반대하지 않는 대신 '21개 조항'을 제시했다. 산둥(山東), 만주, 내몽골, 남만주 등지에서 독일이 차지하고 있던 이권을 일본에 넘기라고 요구했던 것이다(1898년 청 왕조는 산둥성의 자우저우만에 독일의 조계지와 해군기지를 허락했다). 또한 일본인 고문을 중앙정부에 배속시켜 일본이 중국의 주요한 내정에 간섭할 수 있는 조항도 포함시켰다. 일본은 조약을 받아들이지 않을 경우 군사행동을 취할 것이라고 압박했다. 결국 일본의 요구가 받아들여져 1915년 정식으로 조약이 체결되자, 전 중국에 반일 감정이 확산되기 시작했다. 일본상품 불매 운동이 일어났으며 지식인과 해외교포, 유학생들이 매국행위라며 강렬하게 반대하고 나선 것이다.

1915년에 개최된 국민회의에서 군주제가 승인되고 위안스카이가 만장일치로 황제에 추대되었다. 그러나 제정을 부활하려는 이러한 시도는 자신을 지지하던 보수파 관료와 군벌들의 불만을 불러일으켰다. 중국 인민들 사이에 다시 위안스카이를 반대하는 혁명이 일어났다. 특히 양쯔강 이남 지역의 10여 개의 성이 독립을 선포하고 군주제 복귀를 반대했다. 이를 제3혁명이라고도 한다. 위안스카이 휘하에 있던 군벌들이 이번에는 혁명세력의 토벌에 나서지 않았으며, 제1차 세계대전에 휘말린 서구 열강들은 그를 지원할 여력이 없었다.

국내외의 사태를 파악한 위안스카이는 1916년 3월에 군주제를 철회하고 '중화민국' 연호를 회복했다. 독립을 선언했던 여러 성에서 위안스카이에게 총통 사임을 요구하는 압박이 계속되는 동안 위안스카이는 지병으로 1916년 6월에 사망했다.

:: 군벌들의 할거

위안스카이 사후 전 중국은 크고 작은 군벌들이 할거하는 혼란 상태로 빠져들었다. 군사력을 장악한 지방의 세력자들 중에서도 위안스카이의 지배하에 있던 군벌들이 가장 큰 세력을 형성했다. 지역별로 북양군벌과 서남군벌로 나뉘었다.

북양군벌은 돤치루이(段祺瑞 단기서), 펑궈장(馮國璋 풍국장), 장쭤린(張作霖 1873~1928: 위안스카이 휘하에 있었다. 펑톈의 장군. 동북 3성을 차지한 강력한 군벌세력이었다.) 등이다.

돤치루이의 안후이파(安徽派)는 위안스카이의 뒤를 이어 중앙정부를 장악했으며, 이에 대항할 수 있는 막강한 군벌은 즈리파(直隷派)의 펑궈장이었다. 여기에 장쭤린의 펑톈파(奉天派)와 옌시산(閻錫山 염석산)의 산시파(山西派)가 대립했다. 군벌 사이의 격렬한 대립은 거의 전쟁 수준으로 전개되었으며, 1922년까지 중국 민중들은 그들의 권력 다툼의 와중에서 고통을 당해야만 했다.

1922년 펑톈 군벌시대의 장쩌린. 동북 3성을 장악하고 만주로 세력을 넓히려 하자 일본의 견제를 받았다.

돤치루이는 베이징을 중심으로 정국의 주도권을 차지하여 의회와 정부를 운영하려 했으며, 특히 일본 정부와 긴밀한 관계를 맺기 시작했다. 제1차 세계대전 이후 전쟁을 통해 부를 축적한 일본이 본격적으로 중국에 진출했으며, 여기에는 미국도 가세했다. 군벌들은 이들로부터 지원받은 자금으로 자신들의 군사력을 더욱 강화시켰다.

군벌들은 신해혁명(1911), 5·4운동(1919)을 겪는 동안 오직 자신들의 이권을 위해 정국을 주도했다. 군벌들의 난립은 1926년 장제스(蔣介石 1887~1975)가 대대적인 북벌을 단행할 때까지 계속되었다. 장제스는 군벌들을 타도하고 전 중국인을 단합시켜야 국민 혁명이 완수된다고 선언한 쑨원의 유지를 받들어 북벌을 시작했다. 광저우에서 베이징으로 향하면서 크고 작은 군벌들을 제압했다.

군벌의 정치 세력은 1928년 동북 지역의 강력한 군벌이었던 장쭤린이 열차 여행 도중 일본군에 의해 사망하고, 장제스에 의해 난징에 국민정부가 수립될 때까지 지속되었다.

그때 우리나라에서는·········
▶ 대한제국의 국권 회복을 위한 대한 광복회 결성(1915)

5 · 4운동과 신문화운동

(1919)

5 · 4운동은 1919년 5월 4일부터 2개월에 걸쳐 중국 전역에서 일어난 반일
운동이다. 1915년부터 1920년대 초까지 일어난 사상혁명의 동기가 되었기
때문에 신문화운동이라 부르기도 한다. 5 · 4 운동은 정치적 변혁을 통해, 신
문화운동은 문화적 개혁을 통해 새로운 중국의 건설을 지향했다. 이 두 가지
운동은 중국 역사에서 근대에서 현대로 넘어가는 전환점이 되었다.

:: 열강의 이권 침탈

1914년 제1차 세계대전으로 유럽 전역이 전란에 휩싸여 있는 동안, 일
본은 중국 내의 독일 조차지를 비롯한 산둥성(山東省) 전역에서 군사 행동
을 전개하여 위안스카이 정부로부터 '21개 조항'을 받아냈다.

이 조항은 궁극적으로 산둥을 비롯한 동북 3성에서 일본의 지위를 합
법화시킨 것이었다. 그후 위안스카이가 죽고 실권을 장악한 북양 군벌
돤치루이(段棋瑞) 정권 역시 일본으로부터 2,000만 엔의 차관을 얻기 위해
친일적 성향을 띠게 되었다.

1918년 중국과 일본이 체결한 '중일군사협정'은 1917년의 러시아 혁명
으로 탄생한 소비에트 공화국(소련)이 독일, 오스트리아 등과 함께 극동으
로 진출하는 것을 공동으로 대응하기 위한 것이었다. 그러나 중국 내에
일본의 군사기지 설치를 승인한 것이나 다름없는 것이어서 결과적으로

중국 내에서 일본군의 군사행동이 자유로워지게 되었다.

　제1차 세계대전이 끝난 다음해인 1919년 1월 파리에서 승전국들 사이에서 강화회의가 열렸다. 윌슨의 '14개조 평화안'에 의거해 전후 처리를 하는 평화회담이었으며, 연합국의 일원으로 세계대전에 참전했던 중국도 전승국의 자격으로 회의에 참석했다.

　중국은 패전국인 독일이 중국 내(산둥 지역)에서 가지고 있던 권익이 반환되어야 한다고 주장했다. 더불어 외국 군대와 경찰의 철수, 영사재판권 폐지, 조계지 철수, 관세 자주권 등을 요구했다. 그러나 일본은 돤치루이 정권이 1918년에 일본과 교환한 공문을 근거로 산둥 문제는 문서상으로 일본에게 양도된 것이라고 주장했다. 영국, 프랑스 등의 협상국은 1919년 4월 산둥 문제에 대해 일본의 주장을 승인했다. 중국 대표단은 산둥 이권을 회수할 수 없으면 조약을 거부하려고 했지만 조약을 거부할 경우 국제연맹의 가입을 포기해야 했다.

:: 베이징 대학생의 시위

　산둥 문제에 관한 파리 강화회의의 결정이 베이징에 전해지자 윌슨의 '민족자결주의(한 민족이 다른 민족이나 국가의 간섭을 받지 않고 자신의 정치적 문제를 스스로 결정한다는 원칙)'를 기대하며 희망에 부풀어 있던 중국 사회는 충격과 함께 실망과 분노에 휩싸였다.

　베이징 대학생들은 산둥의 이권과 중국의 주권을 빼앗아가는 강화회의를 반대하는 대대적인 시위를 결정하고 1919년 5월 4일 톈안먼(天安門)

5 · 4운동은 산둥의 이권을 일본에 빼앗긴다는 소식에 분노한 중국 민중의 항거이다.

광장에 모였다. 3,000여명의 시위대는 각국 외교사절들에게 청원서를 제출하기 위해 공사관 구역으로 행진해 갔다. 학생들은 '21개 조항 취소, 강화조약 조인 거부, 친일파 매국노의 처벌' 등의 구호를 외쳤다.

그러나 외국 공사관 구역이 통제되자 격앙된 시위대는 '니시하라 차관'을 승인하는 등 친일적 성향의 차오루린(曹汝霖 조여림: 당시 외교부 차장)을 친일 매국노로 지명하고 그의 저택을 기습하여 불을 질렀다.

사태가 심각해지자 정부는 탄압 방침을 세우고 시위학생들을 체포했으며 학생들은 5월 5일부터 구속학생의 석방을 요구하며 전면적인 수업 거부를 결의했다. 학생들의 수업 거부는 다른 도시로 빠르게 확산되었으며 전국 각지의 민중들도 학생들의 시위에 합류했다. 결국 5월 6일, 정부와 베이징 대학교 총장 차이위안페이(蔡元培) 사이에 협상이 이루어져 수업 재개를 조건으로 학생들은 석방되었다.

하지만 정부는 파리 강화조약을 조인한다는 발표와 함께 학생들의 집회에 대해서는 강경하게 금지명령을 내렸다. 학생들은 다시 동맹휴교를 결의하고 일본상품 불매운동 등 반일운동을 전개했다. 수백 명의 학생들이 모여 대규모 강연회가 개최되고 거리 곳곳에서 시위가 들끓었다.

베이징 학생들의 투쟁은 다시 전국적으로 확산되었으며 각 도시의 각계각층의 사람들이 학생들과 합류하여 매국노 규탄과 반일운동을 전개했다. 그 중에서도 상하이에서 전개된 3파 투쟁(학생의 수업거부, 상인들의 영업 중지, 노동자의 파업)은 5·4운동의 규모를 정부가 감당할 수 없을 정도에 이르게 했으며, 결국 열강들도 친일 매국노를 파면하여 사태를 수습할 것을 권고하게 되었다.

민중의 요구에 따라 돤치루이 정부는 1919년 6월 10일 차오루린 등 매국 친일파 관리 3명을 파면시키고 내각 개편을 발표했다. 또한 파리의 중국 대표단은 독일과의 베르사유 조약의 조인을 거부했다.

이로써 5·4운동은 일단락되었으며 그로부터 2년 후, 1921년 5월에 독일과 중국은 마침내 새로운 강화조약을 체결하게 되었다. 중국 내에서 치외법권, 관세 자주권, 의화단 배상금 중지 등 독일이 누리고 있던 특권은 폐지되었다. 이 조약은 중국이 맺은 최초의 평등조약으로 열강에 빼

1919년 제1차 세계대전에서 패배한 독일과 연합군 사이의 평화협정인 베르사유 조약. 독일에 엄청난 배상금을 요구하여, 이후 독일의 경제는 최악의 상태가 되었다.

앗긴 이권을 회수하는 계기가 되었다. 5·4운동은 외견상 커다란 변화는 없었으나 열강에 의해 침해 받고 있던 중국의 주권을 되찾는 출발점이 되었다는 것에 중요한 의의가 있다.

::5·4운동에서 신문화운동으로

신문화운동은 신해혁명으로 공화정이 수립되었음에도 불구하고, 전제 군주시대로 되돌아가려던 위안스카이의 보수적인 성향에 대한 신지식인 들의 맹렬한 반발이었다.

대표적인 진보 지식인이었던 천두슈(陳獨秀 진독수)는 1914년 《신청년(新 靑年)》이라는 잡지를 창간하여 젊은이들과 민중들에게 자유와 평등, 과학 정신을 고취시키려는 계몽운동을 시작했다. 이후 《신청년》은 1923년 정 간될 때까지 신문화운동의 핵심이 되었다.

잡지와 더불어 새로운 사상을 이끌었던 중심지는 베이징대학이었다. 1917년 차이위안페이가 베이징대학의 총장으로 취임하면서 천두슈, 리 다자오(李大釗 이대소), 후스(胡適 호적) 같은 진보 학자들이 초빙되었다.

그 후로 베이징대학은 학생들과 더불어 중국 사회의 문제점을 드러내 고 개혁을 지향하는 신문화운동의 중심이 되었다. 1919년 5·4운동에 참 가했던 대부분의 학생들은 신문화운동이 중심적으로 주도했던 사상 혁명 에 커다란 영향을 받고 있었다.

5·4운동 이후 중국의 지식인들은 적극적으로 서구 사회의 학문을 습 득하기 위해 노력했다. 그로 인해 중국에 각종 외국 사상들이 번역되어

소개되었다. 1919년에는 존 듀이(John Dewey 1859~1952), 1920년에는 버트런드 러셀(Bertrand Russell 1872~1970) 같은 서구의 민주주의를 이끌던 사상가들이 중국을 방문하여 공개 강연을 했다. 이들의 실용주의 정치철학과 새로운 시대의 사회적 도덕은 중국 청년들에게 깊은 인상을 남겼다.

사상혁명은 2,000년 동안 중국 전제정치의 정신적 이념이었던 유교적 전통을 비판하면서 시작되었다. 봉건적 정치, 도덕, 문화에 대체할 대안으로 민주주의와 과학정신을 제기하며 구시대의 윤리와 정치에서 벗어나 개인의 자유를 존중하는 서구식 사회 체제를 따르고자 했다.

:: 지식인과 일반 민중의 정신적 공감

신문화운동은 한걸음 더 나아가 그동안 중국 사회에서 열등한 위치에서 소외되어 있던 노동자들에게 노동의 신성함에 대한 의식적 변환을 주도했다. 이로써 지식인과 민중들의 정신적 공감을 통해 새로운 계몽사상이 대두되었다. 그 중에서도 핵심적인 것은 실용주의였다. 특히 지식인들은 구 문학을 타파하고 민중이 사용하는 구어체 문장인 백화문(白話文)을 널리 보급하여 새로운 지식과 사상의 확산을 꾀했다.

1918년부터 《신청년》은 완전히 백화문으로 발간되었으며, 신시(新詩)와 근대 유럽의 문학작품들이 백화문으로 번역되고 루쉰(魯迅 노신)의 《아Q정전》, 《광인일기》 등이 중국 인민들에게 소개되는 등 문학 혁명이 일어났다. 문학 작품은 단순히 언어의 형식뿐만 아니라 봉건적 전통과 유교적 모순을 이해시키는 사상운동의 핵심적인 역할을 담당했다.

문화적 변화는 사회적 풍조도 변화시켜 변발을 자르고 서양식 의상과 구두가 유행했다. 특히 전통적인 여성관을 벗어나 남녀평등 사상이 유입되면서 신교육을 받은 신여성들이 나타나기 시작했다.

중국 민중의 의식을 고양시키는 역할을 한 잡지 《신청년》과 루쉰의 소설 《아Q정전》.

　이러한 변화가 일고 있는 가운데 신문화운동의 추진세력은 5·4운동 이후 중국 사회의 변혁을 위한 방법론을 둘러싸고 크게 두 개의 세력으로 나뉘었다. 마르크스 레닌주의에 영향을 받은 천두슈, 리다자오와 같은 급진적인 지식인들은 소련식 사회주의를 본받아 정치, 경제, 사회의 철저한 변혁을 이끌어야만 중국의 당면한 문제들이 총체적으로 해결될 수 있다고 생각했다. 사회주의를 추종하는 지식인들에 의해 1921년 중국 공산당이 창당되었다.

　한편 후스를 중심으로 한 실용주의 지식인들은 교육을 통해 사회적, 문화적 변혁을 추구하는 점진적인 정치개혁을 주장했다. 점진적 변혁과 근본적이며 신속한 변혁을 주장하는 후스와 리다자오의 논쟁은 양측의 분열을 보여주는 대표적인 사례였다. 이러한 방법론의 차이를 보이고 있던 운동 세력의 분열은 1920년대 초반까지 진행되었다.

　후스의 실용주의는 여전히 군벌이 중심이 되어 있던 중국 사회에서 실현 가능성이 낮은 것으로 보였다. 반면에 리다자오와 천두슈는 소련 공산당을 통해 중국 사회주의의 기반을 마련하면서 세력을 넓혀갔다.

5 · 4운동은 중국 역사상 처음으로 지식인과 민중의 결합을 통해 민족 의식을 형성하면서 근대국가의 기틀을 마련했다. 또한 신문화운동은 반 전통주의, 반봉건주의와 같은 사상혁명으로써 사회적, 문화적으로 획기 적인 변화를 이끌었다.

신문화운동은 5 · 4운동이 일어날 수 있는 기반을 조성했으며 또 5 · 4 운동을 통해 확대되고 발전할 수 있는 대중적인 기반을 마련했다는 점에 서 상호 유기적인 관계에 있었다.

그때 우리나라에서는.........

▶ 3 · 1운동(1919)

▶ 만주의 항일 독립단체 의열단 조직(1919)

▶ 상해 대한민국 임시 정부 수립(1919)

중국의 신문화운동을 이끈 사상가들

백화문을 중국의 공식 표준어로 만드는데 기여한 후스와 중국 민중에 의해 '민족혼'이라고 숭상되는 20세기 중국 문학계의 거장인 루쉰 그리고 중국 혁명의 문화적인 토대를 마련한 사상가로서 1920년 중국 공산당을 창당한 천두슈가 대표적인 인물로 꼽힌다.

| **천두슈**(陳獨秀 진독수 1879~1942) |

중국의 근대 사상가이자 정치가이다. 안후이성(安徽省)의 부유한 집안에서 태어났다. 어렸을 때는 중국의 경전과 고전문학을 공부했으며, 항저우(杭州)에 있는 근대교육시설인 구시서원(求是書院)에서 프랑스어, 영어, 조선술과 같은 신학문을 익혔다.

1901년 22세 때 고향인 안후이성에서 청 왕조의 부패와 무능을 비판하는 연설을 한 이후 청 왕조의 감시를 받게 되자 난징으로 피신했다가 일본으로 유학을 떠났다. 일본에서 만난 쑨원과 함께 활동했지만 민족주의에 공감하지 않았던 그는 쑨원의 동맹회에는 참여하지 않았다.

1904년 이후에는 교사 생활을 하면서 백화문 사용을 장려하는 간행물을 발행했으며 프랑스의 정치체제와 문화에도 관심이 많았다. 귀국 후인 1911년에 신해혁명을 맞이했으며 1913년 총통 위안스카이에 대항하는 제2혁명에 참여했지만 혁명이 실패하자 다시 일본으로 망명했다.

그가 일본에 있는 동안 중국 내부는 군벌 간의 대립으로 혼란에 빠져 있었다. 위안스카이를 반대하며 더욱 혁명적인 사명감을 갖게 된 천두슈는 귀국하여 1915년 상하이에서 《청년잡지》를 창간했다. 1916년 6월 《신청년》으로 제호를 변경하고 발행된 이 잡지는 중국 사회에 엄청난 파장을 일으켰다. 잡지에 실린 글들은 중국의 정치, 사회, 문화 전반에 걸쳐 커다란 영향을 미치며 혁명 사상의 근간이 되었다. 당시에 그와 함께 활동했던 리다자오(李大釗), 마오쩌둥(毛澤東)은 훗날 중국 공산당의 중요한 정치적, 사상적 지도자가 되었다.

천두슈는 1917년 베이징대학 문과대학 학장에 취임하면서 더욱 본격적으로 사상적인 변혁 활동을 펼쳤다. 진보적이고 자유로운 사상을 갖춘 교수와 학생들을 중심으로 러시아 혁명(볼셰비키 혁명)과 레닌주의를 소개하는 급진적인 성향의 사상들이 널리 퍼지도록 힘썼다.

이후 상하이, 베이징, 후난, 광저우 등지에서도 수많은 간행물들이 쏟아져 나오게 되었으며, 이러한 활동으로 인해 5·4 운동 당시 배후로 지목되어 베이징대학에서 쫓겨나 1919년 6월~9월까지 3개월간 투옥되기도 했다.

천두슈는 석방된 후 공산주의자가 되어 1920년 5월 상하이에서 몇몇 혁명가들과 함께 중국 공산당을 창당했다. 이후 7년 동안 당의 확고한 지도자로서 총서기직을 맡았으며 중국의 레닌으로 비유되기도 했다.

5·4 운동 이후 중국의 미래를 고민했던 지식인 천두슈(좌)와 후스(우). 두 사람은 가까운 친구이며 동지였다. 그러나 공산당과 국민당이라는 이념적 가치관의 차이로 각각의 길을 걸었다.

국공 합작에 반대했지만 1922년 11~12월 모스크바에서 열린 국제 공산당 조직인 코민테른 제4차 대회에서 쑨원의 국민당과 합작하라는 지시를 거부하지 못하고 국공합작을 실행하게 된다. 그러나 1927년 국공합작이 깨지게 되자 코민테른은 그 책임을 천두슈에게 전가해 1929년 결국 공산당에서 쫓겨났다. 그후 몇 년 동안 중국의 트로츠키파와 공산당 내 소수파들의 지지를 얻어 당에 대한 영향력을 회복하려고 시도했지만 실패했다.

이후 난징(南京)의 국민당 정부에 의해 체포되어 1933년 재판에서 15년형을 선고받았지만 중일전쟁이 발발한 1937년 8월에 가석방되었다. 전시 중 임시 수도인 충칭(重慶)에서 잠시 교편을 잡았으나 건강이 악화된 상태로 소읍 장진(江津)에서 은거하던 중 사망했다.

천두슈는 중국의 신문화 운동과 계몽 운동은 물론 중국 공산당의 선구자였다. 사회주의자였던 그는 스탈린의 독재를 비난하면서 독립적이고 객관적인 사법부, 야당, 자유언론, 자유선거와 같은 민주적인 가치의 수용을 역설했다.

| 후스(胡適 1891~1962) |

중화민국 시대의 외교관이며 학자 그리고 사상가였다. 1922년 백화문을 중국의 공식 언어로 정착시키는데 결정적 역할을 했던 그는 미국의 실용주의적 사상을 중국에 전파한 영향력 있는 교육자였다.

후스는 중국의 전통적인 교육방식이 근대교육으로 변화하던 시기에 태어났다. 유교경전과 고대 백화문 소설까지 두루 섭렵했으며, 1910년 미국 코넬대에서 철학을 공부하면서 실용주의 철학자 존 듀이의 영향을 크게 받았다. 후스는 실용주의 철학으로 중국의 봉건적인 사상과 관습을 대체하려고 시도했다.

1911년 신해혁명으로 인해 봉건군주제가 붕괴되고 서구식 공화국으로 변화

후스와 장제스.

되고 있었지만 이름만 공화국일 뿐 지방군벌들과 보수 관료들이 여전히 권력을 장악하고 있었다.

후스는 1917년 미국에서 귀국한 후 베이징대학 교수로 재직하면서 잡지 《신청년》에 과학과 민주주의를 장려하는 논문을 소개하여 계몽사상을 고취시키는 등 5·4운동의 중심이 되었다.

당시 중국 민중의 90%가 문맹이었으므로 문자로 계몽사상을 이해시키는 것은 불가능했다. 따라서 후스는 '문학개량주의'라는 글을 통해 읽기 쉬운 백화문을 보급하여 일반 민중들을 교육시켜야 한다고 주장했다.

백화문 장려는 중국 사회 운동에서 가장 위대한 공로로 손꼽힌다. 후스는 급진적인 정치적 혁명보다 대중교육을 통한 점진적인 개혁을 주장한 자유주의적 정치 사상가였다. 공산당과 국민당의 대립으로 중국 전체가 내전에 휩쓸리자 미국으로 망명했던 그는 타이완의 장제스 정부의 각료로 일했다.

| 루쉰(魯迅 1881~1936) |

20세기 중국 문학계의 손꼽히는 거장이다. 어렸을 때 집안의 경제적 지주였던 할아버지가 갑자기 체포, 투옥되는 사건이 일어나면서 생활이 곤궁해졌다. 병약했던 아버지는 그가 16세 때 사망했지만 어머니의 교육열에 힘입어 학비

루쉰의 문학적 사명은 잠에 빠져 있는 중국 민중의 의식을 일깨우는 것이었다.

를 면제해 주는 난징의 해군학교에 입학할 수 있었다.

그의 첫 번째 소설집 《눌함》의 서문에 "누구라도 평온한 가정에서 곤궁의 나락으로 떨어질 수 있겠지만 나는 이러한 과정 속에서 세상 사람들이 가진 대부분의 모습을 볼 수 있었다고 생각한다."라고 밝혀 어린 나이에 겪었던 혹독한 시간을 에둘러 표현했다.

서양의 신학문을 접하면서 특히 토머스 혁슬리의 진화 이론에 깊은 영향을 받았다. '자연선택'이나 '적자생존'이라는 사회진화론의 법칙에 공감한 그는 국제사회 내의 중국의 현실에도 적용된다고 생각했다. 그는 중국이 '신생(新生)' 국가로 진화하지 않으면 도태될 것이라는 민족적 위기의식을 갖게 되었다. 새로운 중국에 대한 강한 염원은 루쉰으로 하여금 문필활동을 시작하여 죽는 날까지 중국의 쇠퇴를 상징하는 봉건적, 전근대적 의식구조를 집요하게 파헤쳐 비판하도록 이끌었다.

의학을 공부했지만 의사가 되는 대신 글쓰기를 택한 것은 '중국이 열강의 전쟁에 휘말려 주권 침해를 당하는 것을 보며 민중들의 의식을 변화시킬 수 있는 가장 훌륭한 수단'이라고 판단했기 때문이었다.

1909년 일본 유학을 마치고 귀국했을 때 혁명의 불길이 일고 있었다. 1911년 신해혁명으로 중화민국 임시정부가 탄생했을 때 차이위안페이(蔡元培)의 추천으로 교육부 관리로 임용되어 베이징에서 15년간 공직에 근무했다.

1918년부터 집필활동을 시작했지만 혁명 후의 정치 불안으로 공포 분위기가 사회를 지배하고 있었다. 1918년 잡지 《신청년》에 단편소설 〈광인일기(狂人日記)〉를 발표하면서 문인으로 두각을 나타냈다.

당시 미국에서 유학 중이던 후스가 《신청년》에 '문학개량주의'라는 글을 발표하여 구어체인 백화문으로 중국 인민들에게 편하고 자유로운 글을 접할 수 있게 해야 한다고 주장했다.

《신청년》을 창간한 천두슈는 후스의 주장을 전면적으로 받아들이는 동시에, 더욱 강력한 '문학혁명론(文學革命論)'을 발표했다. 용어는 물론이고 내용에서도 봉건적인 국민의식의 변혁을 지향하는 사회성을 추구해야 한다는 것이었다. 그동안 중국 사회에서 확고부동한 권위를 지니고 있던 문어체가 부정되고 구어체 문학을 정통으로 만들려는 이러한 주장은 봉건사회에 뿌리깊이 자리 잡은 기성 체제의 권위를 부정하는 것이었다.

루쉰의 '광인일기'는 후스와 천두슈의 구어문학을 통한 문학혁명의 주장을 최초로 실천한 작품이다. 구어적 표현을 채택한 이 작품은 유교의 억압적인 도덕이 '사람이 사람을 먹도록' 만드는 것이라 암시하고 이것을 미친 사람의 입을 통해 대담하게 말하도록 했다. 중국의 장래를 위해 유교로부터 해방되어야 한다는 주장이었다.

1921년 베이징의 신문에 연재된 《아Q정전(阿Q正傳)》은 작가 루쉰의 존재를 대중들에게 각인시키는 계기가 되었다. '아Q'라는 날품팔이 노동자를 주인공으로 하여 봉건적인 중국 사회가 만들어낸 민족적 비극을 풍자했던 것이다.

중국인들은 자신의 내면 숨어 있는 아Q적 기질에 공감하며 혁명의 와중에 어처구니없는 죽음을 맞게 되는 것에 충격을 받게 된다. 이 작품으로 루쉰은 최고의 문학가라는 명성을 얻게 되었다. 루쉰의 소설과 수필은 날카로운 풍자와 핵심을 파고드는 직접적인 문제제기로 전근대적인 사회의 모순을 다각도로 고발하고 있다.

루쉰은 군벌 정부의 사상적 탄압을 피해 베이징을 탈출하여 광저우(廣州), 상하이로 쫓겨 다니면서 신문과 잡지에 반정부적인 단평(短評)을 익명으로 발표했다. 당시 '혁명문학'이 프롤레타리아문학으로 발전하고 있던 상하이에서는

루쉰의 장례식.

1930년에 '중국좌익작가연맹'이 출범했고 루쉰은 발기인으로 참여했다.

　그후 국민당의 암살 명단에 올라 있다는 소문이 도는 가운데 자택에서 연금된 상태로 칩거하던 중, 1936년 10월 19일 56세의 나이로 병사한다. 장례식에서 그의 관 위에는 상하이 시민대표가 준비한 '민족혼'이라고 적힌 하얀 천이 덮여졌다.

중국 공산당의 시작

(1921)

1910년대 중반부터 1949년에 이르는 격동의 30년을 중국에서는 신민주주의 혁명의 시기라고 부른다. 신해혁명이 미완의 혁명으로 끝났지만, 그후 중국 공산당에 의해 혁명의 발판이 새로 마련되었다는 점과 자본가 계급이 아닌 프롤레타리아 계급에 의해 이루어진 혁명이라는 것을 강조하는 의미에서 그렇게 말한다.

:: 천두슈에 의해 시작된 중국 공산당

중국 공산당이 주도적인 역할을 하기 시작한 것은 1930년대 이후지만 1921년 창설된 이후 반제국주의와 반봉건주의를 목표로 하는 중국 혁명에 지대한 영향은 끼쳤다는 것은 명확하다.

5·4운동의 주역이었던 리다자오와 천두슈는 1920년 중국에 온 코민테른(1919 레닌이 프롤레타리아 혁명을 전 세계에 확산시키기 위해 만든 국제적인 공산주의 조직체로 '공산주의 인터내셔널'이라고도 한다.) 극동부장 보이틴스키를 만나고 나서 중국 내에 사회주의 청년단을 조직했다. 이 단체를 기반으로 중국 공산당 창설 작업을 했으며 베이징, 상하이 등 중국 각지에 공산주의 단체가 만들어지기 시작했다.

1917년 러시아 혁명의 성공 이후 마르크스-엥겔스의 공산주의와 사회주의의 원리는 중국에 커다란 영향을 끼치기 시작했다. 중국의 지식인들은 파리강화회의 이후로 서구 열강에 대한 불신으로 서양의 이념과 사상들을 비판하기 시작했다. 따라서 레닌(Vladmir Lenin 1870~1924: 마르크스의 공산주의를 받아들여 러시아 혁명을 이끌었다.)이 제시한 마르크스−사회주의는 새로운 대안으로 부상했다.

러시아는 우호의 표시로 1918~1919년에 중국에서 획득한 이권을 포기하겠다고 선언했다. 레닌의 사회주의는 오만하고 탐욕스러운 열강의 제국주의와는 달랐다. 레닌은 서구 열강의 자본주의에 의해 중국 인민이 고통을 받고 있다고 비판하며, 열강의 제국주의로부터 벗어나야 한다고 강조했다. 노동자와 농민의 나라를 실현시킬 수 있다는 마르크스−사회주의는 중국 인민들에게 희망의 메시지로 다가왔다.

베이징대학의 지식인들은 마르크스(Karl Marx 1818~1883: 자본주의를 반대하여 1848년 엥겔스와 함께 공산주의 사상을 정리한 〈공산당 선언〉을 발표했다.)와 레닌을 열성적으로 학습하기 시작했다. 훗날 중국 공산주의 운동의 지도자가 된 마오쩌둥도 리다자오의 도서관 조수로 근무하면서 마르크스주의를 접하게 된다.

제정 러시아를 몰락시키고 소비에트 사회주의 공화국을 탄생시킨 혁명가 레닌.

1921년 7월 23일, 제1차 전국대표대회(중국 공산당 창립대회)가 상하이의 프

랑스 조계에서 개최되어 각지의 공산당을 대
표하는 13명의 대표가 참석했다. 마오쩌둥도
후난성의 대표였다. 초기 공산당의 강령은 노
동자, 농민에 의한 국가 건설을 목표로 하여
사유재산제도를 폐지하고 생산수단과 공급을
공동의 소유로 하는 것이었다.

이후 약 2년간(1922~1923) 중국 공산당은 당
원 확보와 마르크스주의의 선전에 전력을 다
했다. 반제국주의, 반군벌적인 국민혁명의 필
요성을 역설하고 철도와 공장 노동자들의 노
동조합조직을 통해 노동 운동을 확대해 나갔

마르크스의 공산주의 사상은 러시아
와 중국에서 사회주의 혁명을 이끌어
내는 사상적 근간이 되었다.

다. 그러나 공산당의 노선을 정리하는 과정에서 견해 차이가 나타났다.
그로 인해 혁명세력 내에 리다자오와 천두슈로 대표되는 두 개의 파벌이
생겼던 것이다.

::두 개의 다른 노선 – 도시세력과 농민

천두슈는 낙후된 농민이 중국 사회를 개조하는데 지도적 역할을 맡기
에는 미흡하므로 당연히 진보된 도시 세력이 혁명을 주도하여 농민들을
이끌어야 한다고 생각했다. 이에 반해 리다자오는 중국 인구의 90% 이상
을 차지하는 농민이 국가 경제의 기초이므로 농민이 해방되어야 중국의
개혁이 가능하다고 역설했다.

훗날 중국 공산당의 최고 지도자가 된 마오쩌둥도 천두슈가 농민의 혁명적 역할을 이해하지 못하고 농민 속에 잠재된 가능성을 지나치게 과소평가했다고 비판했다. 마오쩌둥은 제5차 전국대표대회에서 토지개혁안과 농민투쟁을 급속하게 강화시키자는 주장을 폈으나 천두슈가 받아들이지 않자 천두슈와 결별하게 된다.

혁명에서 농민의 역할에 대한 리다자오의 민족주의적 관점이 마오쩌둥에게 깊은 영향을 미쳤다. 1927년 북방군벌 장쭤린에 의해 리다자오가 처형되었지만, 마오쩌둥은 농민투쟁을 고수하며 공산당의 이념을 실천해 가기 시작했다.

처음에 공산당은 비합법적 활동으로 간주되어 정부의 탄압 속에서 미약하게 시작해야 했다. 그러나 20여년 뒤 농민과 노동자뿐만 아니라 중산층, 소자본가의 지지를 받으며 중국 대륙을 완전히 장악하게 된다.

그때 우리나라에서는 ·········

▶ 만주의 항일 독립단체 의열단 조직(1919)

▶ 조선물산장려운동(1920)

중국에서 가장 먼저 마르크스주의를 연구한 사상가

| **리다자오**(李大釗 이대소 1888~1927) |

중국 허베이성(河北省) 출신으로 중국 공산당의 설립자이며 마오쩌둥에게 사상적 기초를 제공했다. 톈진(天津)과 일본 와세다 대학에서 공부한 유학파로 신문화 운동 잡지인《신청년》의 편집인이었다.

1918년 베이징대학교 도서관장이 되었으며, 1920년에는 역사학 교수를 겸직했다. 1917년의 러시아 혁명에 심취하여 마르크스주의를 연구했다. 그의 강의는 마오쩌둥(리다자오가 도서관 직원으로 채용)을 포함하여 훗날 공산당 핵심 인물이 된 학생들에게 지대한 영향을 끼쳤다.

1921년 7월에 리다자오에 의해 창립된 마르크스주의 연구단체가 조직적인 체계를 갖춘 공산당으로 발전했다. 국제 공산당의 정책을 수행하면서 세력이 크지 않았던 중국 공산당을 쑨원이 이끄는 전국적인 규모의 국민당과 연합할 수 있도록 이끄는데 중요한 역할을 했다. 당 지도자로서 리다자오는 중국 북부 지역을 담당했다. 1927년 베이징의 소련 대사관에 피신해 있다가 만주의 군벌 장쭤린에게 체포되어 교수형을 당했다.

중국에 마르크스주의를 들여온 리다자오는 공산당의 이론가였다. 당시 대부분의 중국 공산주의자들처럼 그 역시 마르크스주의를 받아들이기 전에는 열렬한 민족주의자였다. 러시아를 비롯한 서구의 프롤레타리아 혁명이 중국을 해방시켜줄 수 없고, 또한 중국의 소규모 도시노동자 계급에게는 스스로 혁명을 수행할 능력이 없다고 확신했다.

청년 시절의 마오쩌둥. 스승이었던 리다 자오는 마오쩌둥에게 노동의 존엄성을 체득하라고 강조했다.

　이와 같은 이유로 그는 마르크스-레닌주의에서 제시하고 있는 프롤레타리아 계급투쟁을 거부했다. 리다자오의 혁명이론은 중국의 가난한 농민들이 주도적 역할을 하여 제국주의 열강의 착취와 억압에 대항하는 민중혁명이 되어야 한다는 것이었다. 인민 대부분이 농사를 짓는 중국에서 그의 이론은 타당성이 충분했다. 따라서 훗날 마오쩌둥이 농민을 기반으로 혁명을 수행해야 한다는 군사 전략을 수립하는데 이론적 근거가 되었다.

국민당과 공산당

(1924~1927)

1919년 쑨원에 의해 중화혁명당이 중국 국민당으로 개조되었다. 쑨원의 목
표는 북벌을 단행하여 중국의 남북통일을 이룬 가운데 공화제로 이행하는
것이었다. 그러나 쑨원의 사후에 국민당을 장악한 장제스와 차츰 세를 확장
하고 있던 공산당 사이의 군사투쟁은 전 중국을 거의 내전으로 몰고 갔다.

:: 제1차 국공 합작

러시아 혁명은 중국 공산당의 성립에 커다란 영향을 주었지만 한편으
로는 국민당에도 영향을 끼쳤다. 사실 중국 내에서 국민당이 공산당보다
그 연원이 오래되었다. '신해혁명'을 주도하여 중화민국을 탄생시킨 중국
동맹회가 그것이다. 쑨원을 비롯한 혁명인사들에 의해 창설된 정당이다.
또한 중화민국 최초의 국회의원 선거에서 가장 많은 의석을 차지하기도
했다. 그러나 1912년 중화민국 수립 이후 쑨원은 당내 결집과 군벌 타도
에 저항을 받게 되어 결국 위안스카이에게 총통직을 물려줘야 했다.

위안스카이와 군벌들은 서양 제국주의와 결탁하고 반민족적 성향을
보이며 국민당의 결집을 방해했다. 결국 중국의 혁명세력들은 파리강화
회의를 반대하며 5·4운동을 일으켰다. 이때 쑨원은 광저우 지역에 혁명
파의 거점을 마련하고 국민당의 이름으로 제2 광둥 정부를 수립했다(위안
스카이의 사후에도 베이징에는 군벌 정부가 존재하고 있었다).

쑨원과 청년 장교 시절의 장제스.

쑨원은 5·4운동 세력과 함께 중국의 주권 확립, 군벌 타도, 공화제로의 이행, 중국의 통일을 위한 혁명 과업을 목표로 삼고, 1920년 국민당 비상회의를 소집하면서 새로운 내각을 형성했다. 그리고 군벌 타도를 위한 북벌(북방 군벌의 주류세력은 펑톈파奉天派 군벌 장쭤린張作霖, 후베이성을 장악한 즈리파直隸派 군벌 우페이푸吳佩孚를 비롯하여 난징의 쑨촨팡(쑨추안팡)孫傳芳)을 계획했다.

그러나 국민당 내부에 일부 군벌 세력들이 자리 잡고 있어 북벌은 쉽지 않았으며 당내의 반대 세력들로 인해 혁명 과업은 점점 어려워졌다. 쑨원은 국민당을 개조하기 위해서는 볼셰비키 혁명을 성공시킨 러시아 공산당과 연합이 필요하다고 생각했다.

1917년 러시아 혁명 이후 수립된 소비에트 정권은 처음에는 쑨원의 광둥 정부를 합법 정부로 인정하지 않았다. 그러나 쑨원의 민족주의 정신과 혁명 사상에 깊은 인상을 받은 코민테른은 1922년 요페(Adolf Joffe 1883~1927)를 중국에 파견하여 중국과 소련의 연합을 추진했다.

1923년 1월 쑨원과 요페의 협상이 타결되어 연합선언문이 발표되었다. 선언문의 내용은 '중국은 소련과의 제휴를 분명히 하고, 동시에 당의 강령과 규약을 공표한다. 중국에서 공산당을 인정하며, 노동자와 농민을 위한 정책을 지원한다'는 것이었다. 이것은 소련 공산당의 볼셰비즘(혁명의 주도권이 무산계급, 즉 프롤레타리아에 있음)을 근간으로 한다는 것이다. 또한 중국에서 소련의 특권과 이권을 포기한다는 내용도 포함되었다.

코민테른은 중국의 공산당원들에게 쑨원의 국민당에 가입할 것을 지시했다. 소련 공산당의 지도를 받고 있던 천두슈 등이 국민당에 입당하여 힘을 합쳐 북방 군벌에 대항하는 연합전선을 결성한다는 것에 합의했다. 그러나 중국 공산당이 해체되는 것은 아니었으며, 당원들이 개인 자격으로 국민당에 가입하는 형식을 취했다.

연합선언문 발표를 시작으로 쑨원은 중국의 정치, 사회, 경제 개선을 위한 개혁 작업을 전개했다. 소련은 외교 전문가인 보로딘과 소비에트 전문가들을 중국에 파견해 쑨원을 원조했다. 그러나 당 개혁 외에 군벌에 대항하기 위해서는 소련의 적군과 같은 군대의 필요성이 절실했다.

쑨원은 1923년 자신의 심복인 장제스(1887~1975)를 소련에 파견하여 소비에트 군사체제와 홍군(紅軍)의 조직 방식 등을 배워 오도록 했다.

소련에서 돌아온 장제스는 쑨원의 지시로 광저우 교외에 황푸군관학교(국민당과 공산당에서 활약한 군인들이 많이 배출되었지만 결국 장제스의 독재 정권 수립에 이용되었다. 우리나라의 항일투쟁과 한국전쟁에서 활동한 장교들 중에도 이곳 출신이 많다.)를 세웠다. 국민 혁명군 간부를 양성하기 위한 것이었다. 자신의 군사력이 미약해서 위안스카이와 같은 군벌들에게 권한을 내주었던 쑨원은 이제 이곳에서 양성된 군인들을 앞세워 1926년부터 북벌을 감행할 수 있게 되었다.

1924년 1월 제1회 국민당 전국대표회의가 열렸다. 이 대회에서 쑨원은 삼민주의를 기본으로 민족의 통일이라는 혁명을 완수하기 위해 모든 당원들이 단결해 줄 것을 호소했다. 쑨원은 국민당과 공산당 모두 제국주의 반대 및 군벌 타도를 위해 연합해야 한다는 것을 강조했다. 공산당 역시 그의 호소를 받아들여 국민당과 공산당의 제1차 국공합작이 정식으로 성립되었다.

쑨원은 궁극적으로 중국의 해방을 위해 공산주의자들과 손을 잡은 것이었다. 소련의 원조를 받아 군대를 발전시키고, 또한 공산당 조직의 노동자, 농민, 인민대중들과의 연계 확대를 꾀했다.

그러나 소련의 의도는 전혀 달랐다. 1920년에 겨우 설립된 중국 공산당은 역사가 짧았다. 따라서 중국 공산당은 코민테른의 영향 아래 있었다. 코민테른은 이미 성장한 국민당의 영향력을 이용하기 위해 처음에는 국민당을 지원했으며, 공산당으로 하여금 국민당에 가담하도록 한 것이었다.

황푸 군관학교 개설.

국공합작 결과 공산당의 당원 수는 1925년 2,500~3,000여명 이르게 된다. 이것은 또한 소련과 코민테른의 자금 원조 아래 이루어질 수 있었다. 사실상 국민당과 공산당 모두 소련으로부터 물질적인 원조를 비롯하여 군사 원조까지 받았기 때문에 중국 혁명이 가능해졌다는 것은 부인할 수 없다.

그러나 코민테른의 목적은 궁극적으로는 내부에서 국민당을 전복시키는 것이었다. 쑨원은 국민당과 공산당, 소련의 세력들을 연결시킬 수 있는 유일한 통로였으나 1925년 그가 세상을 떠나자 중국 내의 분열은 또 다른 양상을 띠기 시작했다.

:: 북벌과 국공 분열

1924년 군벌 타도라는 과업을 완수하기 위해 쑨원은 황푸군사학교 출신의 장제스, 저우언라이(周恩來), 린뱌오(林彪 임표)를 주축으로 한 혁명군을 조직하여 북상 선언을 한 후 베이징으로 향했다. 이들은 서남군벌을 진압하면서 베이징의 군벌 정부와 맞섰다.

쑨원과 혁명군은 인민들의 열렬한 지지를 받으며 베이징에 도착했으나 간암을 앓고 있던 쑨원이 1925년 3월 12일 59세의 나이로 사망하게 된다. 쑨원은 소련과의 연합을 유지하며 반제국주의 투쟁을 계속할 것을 당부하는 유지를 남겼지만 그의 죽음 이후 크고 작은 군벌들 사이에 끝없는 무력항쟁이 펼쳐졌다.

1926년 국민정부는 장제스를 국민혁명군 총사령관으로 임명하고 북벌을 완수하라는 쑨원의 유지를 받들어 다시 군사행동을 개시했다.

1926년 9월에 우한, 11월에 난징, 12월에는 푸저우(福州)를 점령하고 1927년 3월에 상하이와 난징에 진주했다. 1년도 되지 않아 국민혁명군이 중국의 남방 지역을 군벌들로부터 탈환했다(장제스의 북벌은 1928년 베이징으로 들어갈 때까지 계속되었다).

혁명군이 상하이를 군벌 수중에서 성공적으로 탈환하는 동안, 쑨원의 사후에 드러나기 시작한 국공 분열의 움직임이 서서히 나타나고 있었다.

장제스 휘하의 국민당 우파들은 좌파들의 이중 당적 문제를 지속적으로 제기하며 공산당을 배척했다. 국공합작 당시 공산당원은 당직을 보유한 채 국민당에 가입하는 형식이었다. 그러나 국민당의 많은 활동을 대부분 공산당이 장악하고 있었으므로 당을 빼앗길 것을 두려워했기 때문이었다.

1924년 레닌이 사망했지만 중국 혁명을 지원하는 소련의 원칙에는 변함이 없었다. 따라서 통일 전선의 유지를 위해 중국 공산당에게 국민당

북벌 성공 이후 1928년 중국 국민당과 장세스. 국민당을 상징하는 청천백일기가 걸려 있다.

에 대한 비판과 대립을 자제하도록 지시했다.

중국 공산당 지도자 천두슈는 이에 반대했지만 북벌을 위해서는 국민당과 협력하라는 코민테른의 지시를 따를 수밖에 없었다. 그러나 국민혁명군이 북벌에서 예상 밖의 성과를 거두고 상하이를 점령한 다음부터는 장제스의 세력을 억제하기 위한 방책으로 국민당에 맞서 독자적인 조직을 세우고 있었다.

:: 중산함 사건 - 장제스와 공산당의 결별

1926년 3월에 발생한 '중산함(中山艦) 사건'은 장제스와 공산당이 결별하게 된 원인이 되는데, 장제스가 의도적으로 일으켰다는 설도 있고, 공산당이 장제스를 납치하기 위해 일으킨 사건이라는 설도 있다.

당시 황푸섬 인근 해역에서 해적의 습격을 받은 상선이 순시선을 파견해 달라고 요청했다는 보고가 있었다. 함장 리즈룽(李之龍)이 전투선 중산함을 광저우에서 황푸로 파견했다. 이 사실을 알게 된 장제스는 자신의 지시 없이 국민혁명군의 군함을 움직였다는 이유로 광저우에 즉각 계엄령을 선포했다. 그리고 리즈룽이 공산당원이었다는 이유로 그와 함께 공산당원 60여 명을 체포해 버렸다.

장제스는 사건 직후 자신이 과잉 대응했음을 인정했지만, 중산함의 운행이 소련과 중국 공산당의 음모라고 생각했던 것이다. 그러나 장제스의 자작극이었다는 설, 소련 음모설, 국민당 우파 음모설 등 정확한 진상이 밝혀지지 않은 채 일단락되었다.

그러나 이 사건은 국민당을 우파와 좌파로 분열시키는 계기가 되었으며, 장제스는 국민당의 실권을 장악하게 되었다. 장제스는 북벌을 위해 공산당과의 결별을 선포하지는 않았지만 국민당 내에서 차지하고 있던 공산당의 지위를 압박하기 시작했다(장제스는 군사를 비롯하여 정치적 실권을 장악했으며 그 권력은 훗날 타이완으로 쫓겨날 때까지 계속되었다).

장제스의 본격적인 공산당 배척이 시작된 것은 1927년 상하이를 탈환한 후부터이다. 1927년 봄에 이르러 후베이(湖北), 후난(湖南), 장시(江西), 푸젠(福建) 등지에 농민운동이 확산되어 수많은 농민 조합이 만들어졌다.

조합은 지주들의 토지몰수 운동을 전개하면서 폭력적인 양상을 보였다. 그 당시 코민테른과 중국 공산당 지도자들은 토지개혁에 대해 확실

1920년대 상하이 조계. 장제스는 공산당 토벌을 위해 상하이 암흑가 조직 청방과 결탁하고, 남의사라는 극우 비밀 조직을 만들기도 했다. '남의(藍衣)'란 중국 국민당의 남색 제복 빛깔의 옷을 가리킨다.

한 노선을 정하지 못했기 때문에 농민운동이 혼선에 빠져들었던 것이다. 국민당 관리들은 군사력을 동원해 농민조합을 탄압하기 시작했다.

4월에는 난징과 상하이에서 노동 단체들의 총파업이 일어났다. 당시 상하이는 조계지를 중심으로 외국 문물이 들어와 번성했으며, 외국 자본가들의 가혹한 착취로 열악한 노동 조건에 시달리는 도시 노동자들의 불만이 쌓여 있었다.

장제스는 파업 행위를 공산당 반혁명 단체의 폭동으로 규정하고 전면적인 공산당원 검거에 들어갔다. 체포와 학살, 테러가 자행되었다(상하이 대학살. 상하이 암흑가 조직 청방靑幇이 개입된 것으로 알려져 있다). 5월에는 후난에서 수십 명의 농민, 노동자들이 살해되었다. 당시 노동쟁의로 힘들어하던 일부 자본가와 상공업자들은 장제스에 의해 폭동이 진압되고 있다고 생각하여 그를 지지했다.

결국 국민당은 공산당과의 협약을 파기하고 난징, 한커우, 푸저우, 광저우 등에서 공산당을 체포하고 노동조합 등을 해산시켰다. 이로써 제1차 국공합작은 완전히 해체되었다. 이때 수많은 공산당 지도자들이 당의 명령으로 중국을 떠나거나 소련, 상하이 등지로 도피해야 했다. 결국 천두슈와 공산당 지도부는 갈피를 잡지 못한 채 혼란으로 빠져들 수밖에 없었다.

소련 코민테른은 제1차 국공합작 결렬에 대한 책임을 천두슈에 물어 공산당에서 축출했다(당시 소련은 1924년 레닌의 사망 이후, 스탈린과 트로츠키 사이에 정치적 투쟁이 벌어지고 있었다). 사실 천두슈는 코민테른의 지시를 따른 것일 뿐 잘못이 없었는지도 모른다. 천두슈는 아직 공산당이 혁명을 완수하기에는 역량이 미흡하다고 생각했기 때문에 민족 자본가 계급으로 구성된 국민당과 통일전선을 유지하는 것이 필요하다고 생각했던 것으로 보인다. 훗날 마오쩌둥은 천두슈의 태도에 대해 그의 혁명 인식이 정확하지 않았다고 평가했다.

그때 우리나라에서는·········

▶ 6 · 10 만세운동(1926)

마오쩌둥과 중국 공산당의 전진

(1927~1931)

'상해대학살'이라는 비극적인 사건은 중국 혁명의 흐름을 바꿔놓았다. 천두슈와 리다자오의 혁명 운동에 영향을 받은 마오쩌둥이 중국 공산당의 역사에 새로운 장을 열었기 때문이다.

:: 공산당의 무장봉기와 소비에트 건립

국민당의 공산당 축출은 1927년 국공 합작을 결렬시킨 이후 더욱 본격화되었다. 장제스는 난징 정부의 최고 군사기관을 장악하여 북벌을 완수하면서 자신을 반대하는 신군벌들과는 일시적으로 타협했다. 동시에 공산당의 기반을 송두리째 뽑아내기 위해 대대적인 무력탄압을 단행했다.

1927년 상해대학살 이후 공산당은 지하로 숨어들어 새로운 활로를 개척하기 시작했다. 소련 코민테른의 지시를 받던 중국 공산당은 트로츠키를 상대로 한 권력 투쟁에서 승리한 스탈린으로부터 무장 봉기를 통해 소비에트(혁명 근거지)를 건립하라는 지령을 받았다.

공산당의 행동은 하나 또는 몇 개의 성을 빼앗아 점령한 다음 군대를 장악하고 소비에트 정권을 수립하는 것이었다. 무장 봉기를 위해 1927년 8월 1일 허룽(賀龍 하룽), 주더(朱德), 저우런라이(周恩來) 등 공산당 지도자들은 국민혁명군의 방비가 허술한 장시(江西)의 난창(南昌)을 공격하여 혁

러시아 혁명을 이끈 스탈린(좌)과 레닌(우) 1919년.

명위원회를 설치했다.

그러나 국민당군의 역습으로 채 5일도 버티지 못하며 난창을 포기하고 광저우로 남하했다. 스탈린의 지시로 이루어진 최초의 난창 봉기는 결국 실패로 끝이 났다.

공산당은 광저우에서 군사력을 정비한 다음 다시 북벌을 도모하겠다는 계획을 세웠다. 그러나 중국 공산당 지도부는 실패에 대한 책임을 추궁하는 비판과 함께 개혁을 요구받게 되었다. 천두슈는 '우익 기회주의자'로 비판받으며 서기직에서 해임되었다. 스탈린의 신임을 받은 취츄바이(李立三)를 중국 공산당 총서기로 임명한 코민테른은 다시 무장 봉기를 지시했다.

1927년 12월 공산당의 군인 및 노동자 수천 명이 광저우에서 폭동을 일으켜 광저우 소비에트가 수립되었다. 그러나 광저우도 압도적으로 우세한 국민당 군대의 반격으로 수천 명의 희생자를 내고 붕괴되고 말았다. 봉기 실패에 대한 비판을 받은 취츄바이는 모스크바로 소환되었고, 결국 공산당은 도시와 농촌에서 완전히 패퇴하며 물러났다.

무장 봉기를 통해 소비에트를 확보하려던 공산당의 전략과 코민테른의 지시는 잘못된 것으로 드러났다. 당시 이러한 노선에 반대했던 마오쩌둥의 전략은 국민당의 통제력이 미치지 않는 농촌 세력을 조직하여 소비에트를 발전시키겠다는 것이었다.

:: 농촌으로 내려간 마오쩌둥의 전략

1927년 9월 마오쩌둥은 후난성(湖南省)과 장시성(江西省) 일대에서 농민들의 불만을 부추겨 폭동을 일으켰다. 한커우와 광저우 간의 일부 철도 구간을 차단하여 후난성을 비롯한 몇 개의 지역을 장악하면서 반혁명분자 배척과 토지혁명을 내세운 봉기는 농민들의 대대적인 호응으로 성공하는 듯했다.

그러나 마오쩌둥의 첫 번째 폭동도 오래지 않아 국민당의 공격을 막아낼 수 없었다. 마오쩌둥은 살아남은 1,000여명 대원을 이끌고 후퇴하여 후난과 장시의 접경지대인 징강산(井岡山)으로 들어갔다. 주변이 거의 산악지대로 고립된 지역인 이곳에 무장봉기에 실패한 공산군들이 모여들었으며 마오쩌둥은 주더, 린뱌오 등과 함께 군대를 재편했다. 공산당 최초의 홍군이 결성되었으며 징강산은 결국 공산당 최후의 거점이 되었다.

그러나 중국 공산당의 중앙정치국은 노동자 계급의 지도력이 아닌 순수한 농민운동에는 찬동하지 않았기 때문에 마오쩌둥의 전략을 수용하지 않았다. 그러나 도시 무장봉기의 실패로 마오쩌둥의 농민운동에 대해 관심을 갖기 시작했다. 마오쩌둥이 징강산에서 추진했던 최초의 계획은 당 차원에서 불법적인 것으로 간주해 그를 당적에서 추방했지만 1928년 다시 복권시켰던 것이다.

마오쩌둥은 군과 당의 일체화를 위해 개혁을 단행했다. 당 대표는 마오쩌둥이 맡았으며 주더는 총사령관이었다. 이들은 중앙당의 지시를 받지 않고 독자적으로 활동했다. 홍군에는 국민당에 쫓기던 다른 부대의 병력들도 합세했다.

마오쩌둥은 홍군의 게릴라 전술을 기반으로 농촌 지역으로 세력을 확대했다. 점령 지역에는 토지개혁을 실시하여 소비에트를 건설했다. 대지주의 토지를 몰수하여 가난한 농민에게 평등하게 분배함으로써 농민들의 전폭적인 지지를 받았다. 또한 중앙당의 지지에 의존하지 않고 철저한 자급자족으로 소비에트를 운영하는 것을 원칙으로 삼았다.

홍군을 혁명 정신으로 철저하게 무장시키고 국민당의 군사력에 맞설 수 있도록 했다. 홍군의 유격 전술은 '적을 깊숙이 유인하고, 병력을 집중하여 적군의 취약점을 공격한다. 적군의 일부분만을 섬멸하고 일단 뒤로 빠진 다음, 급속하게 우회하여 포위 공격한다'는 등의 원칙 아래 이루어졌다.

주더와 마오쩌둥의 활동이 중국 공산당의 합법적인 수단으로 인정받기 시작하던 시기에 중국 공산당 내부는 파당별 권력 투쟁이 벌어지고 있었다. 그 사이에 마오쩌둥은 장시성(江西省) 중남부 지역에 15개 가량의 소비에트를 수립하는데 성공했다.

1931년 9월에 중국의 동북 지역에서 일본에 의해 만주(滿洲) 사변이 일어난 것은 공산당으로서는 최상의 기회가 되었다. 국민당이 공산당 토벌 작전을 잠시 멈추고 난징으로 돌아갔기 때문이다.

공산당은 1931년 11월 장시성에서 중화소비에트 공화국 임시정부를

장시성 루이진의 중화소비에트 공화
국 임시 정부.

수립했다. 마오쩌둥은 공산당 내부의 권력을 장악하고 공화국 주석에 올랐다. 그러나 공산당 내 중앙정치부 세력들을 완전히 장악한 것이 아니었기 때문에 여전히 대립상태는 이어지고 있었다.

마오쩌둥은 홍군에게 다음과 같은 규율을 엄격히 지키도록 명령했다.

'모든 행동은 반드시 지휘자의 지시에 따라야 한다. 인민에게는 예의 바르고 정중하게 대하며 인민의 것을 절대 약탈하지 않는다. 토호에게서 착취한 것은 공동의 소유로 한다.'

결국 마오쩌둥의 전략은 무엇보다 인민의 지지를 얻는 데 집중한 것이었으며 성공적인 결과를 이끌었던 것이다.

그때 우리나라에서는 ·········

▶ 광주 학생 항일운동(1929)

일본의 만주사변

(1931)

1929년 세계 대공황은 일본에도 커다란 영향을 미쳤다. 경제의 악순환으로 일본 국내 정치가 위기에 빠지자, 군부 내 우익 세력들은 군사력으로 전쟁을 일으켜 위기를 극복하려는 계획을 세웠다. 결국 일본 관동군이 주도하여 중국에는 만주국(헤이룽장, 지린, 랴오닝 지역)이 세워졌으며 일본에 의한 중국 침탈의 교두보가 되었다.

:: 경제 대공황이 세계를 휩쓸다

중국 전체가 국민당과 공산당의 내전으로 혼란에 휩싸여 있는 동안, 세계는 경제적으로 심각한 불황에 빠져들고 있었다. 제1차 세계대전 이후 미국을 비롯한 자본주의 국가들은 경제적 번영을 누리고 있는 것처럼 보였지만 1929년 미국을 휩쓴 경제 대공황은 전 세계의 금융시장을 붕괴시켰다.

뉴욕 월가의 주가 폭락으로 시작된 대공황은 모든 자본주의 국가들에게 막대한 영향을 미쳤다. 산업혁명으로 이룩한 과잉생산은 경기 침체와 함께 은행 파산, 기업 파산 등으로 이어졌으며 순식간에 집과 직장을 잃은 사람들이 급격히 늘어났다.

마르크스가 예언했던 자본주의의 모순이 최악의 형태로 나타났던 것이다. 10여 년 동안 대공황에 시달리던 세계의 경제는 결국 제2차 세계대전이라는 참혹한 전쟁을 치르고 나서야 회복될 수 있었다.

세계 대공황으로 서구 열강들이 중국에 관심을 쏟을 여유가 없는 동안, 중국은 국민당과 공산당의 내전으로 사회적 혼란은 더욱 심각해지고 있었다. 장제스에 의해 북벌이 단행되고 난징을 수도로 한 국민정부가 수립되었지만 과도한 군사비 지출로 난징 정부의 경제상황은 극도로 악화되었다.

일본도 마찬가지였다. 세계 대공황의 여파로 기업이 도산하고 실업자가 거리에 넘쳐났다. 일본의 다나카 기이치 내각은 경제의 위기를 아시아의 식민지 개척으로 타개하려 했다. 중국의 동북 지역에 있는 만주는 농산물이 풍부할 뿐만 아니라 지하자원의 보고였다.

청일전쟁(1894~1895)에서 승리한 일본은 줄곧 이 지역을 차지하기 위한 기회를 엿보고 있었으며, 러일전쟁(1904~1905)에서 승리한 직후 본격적으로 만주로 진출했다.

그러나 중국의 국민정부는 모든 불평등조약을 폐기하고 열강이 소유한 이권을 회수하려는 움직임을 보이면서, 일본을 배척하는 분위기가 조성되고 있었다. 따라서 일본은 '만몽(滿蒙) 자치운동'을 조장하여 중국을 정복하기 위해서는 반드시 만주와 몽골을 정복해야 한다는 주장을 확산시켰다.

당시 만주에 거주하는 일본인이 23만여 명이었으며, 이들 대부분은 군인, 철도원, 상업인 등이었다. 일본은 주변의 소수민족과 함께 만주 군벌을 타도해야 한다고 주장했으며, 일본인의 신변보호와 이익을 위한다는 명분으로 중국 문제에 적극적으로 개입하기 시작했다.

:: 중국의 위기, 류타오거우 사건

1905년 러일전쟁에서 승리한 일본은 러시아의 조차지였던 랴오둥(遼東) 반도와 남만주 지역의 철도관리를 비롯한 경제적 이권을 러시아로부터 빼앗았다. 이때부터 일본은 뤼순(旅順)과 다롄(大連) 내의 러시아 조차지를 일본의 관동 조차구로 바꾸고 관동군 사령부를 설치했다.

1928년 관동군은 사령부를 뤼순에서 선양(본래는 펑톈奉天이었으나, 1929년 장쉐량이 선양瀋陽으로 고쳤다. 1932년 만주국이 설립되면서 일본에 의해 펑톈으로 다시 개명되었다. 그러나 현재는 다시 선양으로 지명이 환원되었다. 펑톈은 일제시대를 떠올리는 지명이다.)으로 옮기고 만주 지역을 중국으로부터 강탈할 야욕을 드러냈다. 만주 지역의 광활한 영토와 풍부한 천연자원은 일본의 실업 문제를 해결할 수 있는 가장 강력한 대안이었기 때문이다.

그러나 당시의 중국은 공산당과 국민당의 내전 확대, 양쯔강 유역의 대홍수로 인한 14만 명의 사상자, 20여 만 명의 유랑민이 발생하는 등 자연재해까지 겹치며 수난을 겪고 있었다. 관동군은 자신들의 야욕을 숨기고 중국의 인민들을 군벌들과 부정부패한 관료들의 억압으로부터 해방시키기 위해 왔다고 선전했다.

일본의 일부 군부세력과 우익은 중국 점령에 이어 세계 정복을 꿈꾸고 있었다. 관동군의 참모들이 모여 만주 침략계획을 세웠다. 1931년 9월 18일 밤 중국 선양시 교외의 남만주 철도구간 류타오거우(柳條溝 유조구)에서 폭탄이 터졌다. 폭탄으로 인한 손상은 극히 미미하여 철도운행을 중단시

류타오거우 사건은 일본의 관동군이 중국 침략의 구실을 만들기 위해 의도적으로 일으켰다.

킬 정도는 아니었다. 그러나 사건 발생 이후 일본 관동군은 중국군이 저지른 것이라고 주장하며 군사행동을 개시했다.

다음날 새벽 일본의 관동군은 선양의 성벽을 돌파하여 선양시를 점령하고, 19일에는 창춘(長春), 20일에는 안둥(安東)과 잉커우(營口), 21일에는 지린(吉林) 등 만주철도 연변의 도시들을 점령했다.

그러나 일본 정부 내에서는 관동군의 독자적인 행동에 대한 이견으로 국론 분열이 일어났다. 내각은 군사적 행동에 반대했으나 군부에서는 강경하게 전쟁 확대 정책을 주장했던 것이다. 일본의 여론은 더욱 침략을 충동질하는 쪽으로 기울었다. 한편 경제대공황으로 심각한 경제 위기에 빠져 있는 서구 열강들은 일본의 중국 침략을 간섭할 만한 여력이 없었으며, 국제연맹도 마찬가지였다.

당시의 국민당은 공산당의 토벌에 전력을 기울이고 있었으며, 장쉐량(張學良 1898~2001: 북방군벌 장쭤린의 아들. 아버지의 죽음이 일본의 관동군 때문이라고 생각하여 항일 성향으로 바뀌었다. 국민당 내에서 장제스 다음 가는 제2인자였으나 훗날 '시안사변'을 주도하여 제2차 국공합작을 요구한다.)의 동북군은 베이징, 즉 만리장성 이남에 집결해 있어 중국의 군사력은 분산되어 있었다. 관동군은 이 절호의 기회를 포착해 만주 점령 작전을 개시했던 것이다.

1931년 11월 일본은 소련과 만주의 국경지대인 동북 3성(랴오닝성, 지린성, 헤이룽장성) 전역을 장악하고, 1932년 1월에는 장쉐량의 거점이었던 랴오닝성 서남부 진저우(錦州)를 공략했다. 진저우는 사실 만주철도 연변의 일본인 보호지역에서 멀리 떨어진 곳이었으므로, 이것은 만주 침략에 대한 의도를 명백하게 드러내는 것이었다.

난징 정부의 장제스는 공산당과의 대립, 국민당 내부의 분열 등으로 대외전쟁을 감당할 수 없는 상황이었다. 따라서 그는 장쉐량에게 일본군과의 충돌을 일으키지 말 것을 명령하고 일단 국제연맹에 호소했다.

일본의 괴뢰정부 만주국의 황제 자리에 오른 푸이.

국제연맹은 조사단을 만주로 파견했으나 연맹 이사회는 오히려 일본 정부의 입장을 옹호하는 결의문을 발표했다. 그 내용은 일본군의 신속한 철수와 중일 양국 관계의 악화를 방지하기 위한 모든 조치의 실시를 권고하는 것이었다.

만주에 대한 일본의 무력 침략에 대해 중국인들은 일본 상품 불매운동을 통해 항일 운동을 벌였지만 세력이 미약하고 통일되어 있지 않았기 때문에 일본의 침략을 막을 수는 없었다. 국제연맹의 일본에 대한 유화적인 태도로 인해 관동군은 5개월 사이에 만주 지역을 완전히 장악해 버렸다.

일본은 1932년 3월에 만주 독립국의 설립을 공표했다. 1912년에 청 왕조의 마지막 황제 자리에서 퇴위한 푸이에게 황제의 지위를 부여했던 것이다. 푸이는 중화민국 수립 이후 황제의 자리에서 밀려나 자금성에서 생활했지만 1924년에는 톈진으로 쫓겨나 있었다. 궁핍한 생활을 하고 있던 푸이는 일본이 제시한 만주국의 황제 자리를 수락해 버렸다.

국제연맹이 만주국의 성립을 인정하지 않고 만주에서 중국의 주권을 인정해야 한다고 주장하자 일본은 1933년 3월 국제연맹을 탈퇴했다. 만주침략으로 세력을 강화한 일본 군부와 우익은 정국을 장악하고 일본을 파시즘 체제로 전환시키는 한편 1937년에는 중일전쟁, 1941년에는 태평양전쟁을 일으키게 된다.

그때 우리나라에서는·········
▶ 이봉창 열사, 일왕(히로히토)에게 폭탄 투척(1932, 도쿄)
▶ 윤봉길 의사의 상하이 홍커우 공원 의거(1932)

홍군의 대장정

(1934~1935)

중국 공산당의 신화로 널리 알려져 있는 대행군이다. 국민당의 공산당 토벌 작전으로 쫓겨 다니던 홍군은 1년여에 걸쳐 중국 서북쪽으로 이동하면서 1만 2,000 킬로를 행군했기 때문에 대장정이라고 부른다. 공산당 혁명의 사활을 좌우했던 전략적 선택이었다.

:: 장제스의 공산당 토벌

일본이 만주를 침략하는 동안에도 중국 내부는 공산당과 국민당이 각각의 정부를 세우고 있었기 때문에 외세의 침략에 맞서기 어려운 상황이었다.

공산당은 1931년 마오쩌둥에 의해 '중화소비에트 공화국'을 수립한 이후 급격하게 세력을 확장해 나갔다. 공산당의 세력 확장을 가장 경계한 사람은 장제스였다. 장제스는 1927년 국공합작을 결렬시킨 이후 지속적으로 중국 공산당을 탄압했다.

처음에는 소련의 군사 고문을 위탁했던 장제스는 1930년대에 들어서면서 독일 군사 전략가를 초청해 공산당 섬멸작전을 개시했다. 1933년 10월까지 다섯 번에 걸쳐 공산당의 거점을 포위하여 토벌작전을 펼쳤으며, 공산당은 생사를 걸고 저항해야 했으므로 홍군의 전력도 나날이 강화되었다. 따라서 중국은 또다시 국공 대립 상태로 들어간 것이나 다름 없었다.

1933년 일본에 의해 자행된 만주사변으로 내전은 잠시 주춤했으나, 이후 장제스의 토벌작전은 다시 시작되었다. 독일의 군사 고문과 함께 수행된 토벌작전은 그 전과는 다르게 진행되었다. 게릴라 전법을 격파하기 위해 홍군의 요새를 서서히 포위하면서 봉쇄하여 외부와의 보급로를 차단해 버리는 작전을 펼쳤던 것이다.

한편 마오쩌둥의 혁명 노선은 엉뚱한 세력의 공격을 당하고 있었다. 이들은 주로 소련의 볼셰비키들이었으며 소련의 코민테른이 마오쩌둥을 격리시키려 했던 것이다. 그러는 동안 장제스는 50여만 명의 병력과 200여 대의 비행기를 동원하여 공산당의 근거지인 장시(江西)를 봉쇄할 수 있었다.

:: 옌안까지의 대장정

홍군은 소련 코민테른의 지시로 국민당과의 정면 대결로 사투를 벌였으나 모든 전선에서 패배하며 궤멸 직전에까지 이르렀다. 결국 1934년 7월 공산당 지도부와 마오쩌둥을 비롯한 홍군의 잔류부대는 잠시 소비에트를 포기하고 대장정을 결의한다. 국민당군의 포위와 추격을 피해 중국 서북부 옌안(延安)까지 올라가 주력부대를 다시 조성하려는 작전이었다.

10월부터 공산당의 잔류부대는 각지에서 탈출을 시도했다. 장시성(江西省)에서 목표 지점인 산시성(陝西省)의 옌안까지는 1만 킬로가 넘는 대장

1935년 대장정 시기의 저우언라이(왼쪽)와 마오쩌둥(오른쪽).
저우언라이는 마오쩌둥의 유격전을 적극 지지했다.

정이었다. 대장정을 시작할 때 홍군의 부대는 10만 명 정도의 병력이었다.

1935년 5월에 홍군은 마침내 진샤강(양쯔강 상류)을 건너게 되었지만 그때까지도 국민당군의 추격은 멈추지 않았다. 홍군은 추격을 피해 부대를 셋으로 나누고 다시 소부대로 나누어 주로 산악지대를 골라 탈출하면서 국민당군을 혼란에 빠뜨리며 때로는 기습공격을 펼치기도 했다.

공산당 내에서 작전 지휘에 대해 비판을 받았던 마오쩌둥은 장정이 진행되는 동안 절대적인 군사권과 최고 권력을 장악할 수 있었다. 새로 조직된 군사 지휘부는 저우언라이(周恩來)가 지휘했다. 그 아래에는 27세의 린뱌오(林彪 1907~1971: 대장정 이후 마오쩌둥을 우상화하는데 큰 역할을 하지만, 쿠데타 혐의를 받고 소련으로 가는 도중 비행기 추락 사고로 사망.), 36세의 펑더화이(彭德懷 1898~1974: 한국전쟁에 투입된 인민지원군 총사령관)가 지휘했다. 윈난(雲南)과 쓰촨(四天)을 지날 때까지 장제스의 추격은 계속되었다.

행군은 산을 넘고 때로는 뗏목으로 강을 건너고 험준한 암벽을 타야했다. 밤낮을 가리지 않고 진행되던 강행군이었기 때문에 도중에 사상자도 많았지만 산악지대의 다두강(大渡河 대도하)을 성공적으로 건너면서 전열을 다시 정비할 수 있었다. 다두강에 이어 해발 4,000미터가 넘는 대설산과 습지를 행군하여 1935년 10월 목표 지점인 옌안에 이르게 되었다.

국민당 군대와 전투를 벌이며 동시에 지방 군벌들의 위협을 받으면서 홍군이 돌파해 간 지역은 11개의 성과 18개의 산맥 그리고 17개의 강을 건너는 1만 2,000킬로의 대장정이었다. 거의 2년여의 기간 동안 행군을 하여 마침내 1935년 12월에 중국 공산당의 지도부는 옌안에 정착할 수 있게 되었다.

마오쩌둥은 이곳에서 자신의 사상을 정립하고 당과 군대를 재정비하여 중국 공산당의 실질적인 지도자가 되었으며 죽을 때까지 그 자리를 유지했다. 2년에 걸친 대장정을 이어가는 동안 홍군의 숫자는 30여 만 명까지 늘어나기도 했지만 목적지인 옌안에 도착했을 때는 3만 여명만 남게 되었다. 그러나 죽음을 넘어 장정을 완수한 홍군은 이후 최정예부대로서 항일투쟁과 공산당 혁명의 중심부대가 되었으며 결국 중국 대혁명의 주역이 되었다.

훗날 미국의 저널리스트인 에드거 스노(Edgar Snow 1905~1972)는 마오쩌둥을 인터뷰하여 《중국의 붉은 별(Red Star Over China)》이라는 책을 펴

다두강의 루딩교(좌)와 대장정 경로.(우)
루딩교는 대장정의 신화가 만들어진 곳이다.

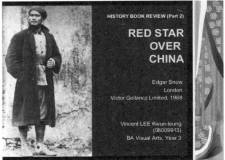

대장정 시절의 마오쩌둥과 에드거 스노(상).
서양에 중국 공산당을 최초로 소개한 《중국의 붉은
별》(하).

냈다. 마오쩌둥과 중국 공산당에 대한 정보가 전혀 없었던 서양인들에게 중국 공산당과 대장정을 처음으로 소개했다.

책에 따르면 대장정의 길은 중국과 다른 지역 사이의 경계를 따라 진행되었다는 것을 알 수 있다. 중국 내륙에서는 국민당 군대와 지방 군벌들의 추격을 받아야 했으며 험난한 산맥과 강을 건너야 했다.

또한 경계 지역에서는 한족과 적대적 관계에 있던 소수민족들의 공격을 받아야 했지만, 결국 그 경계 지역을 아슬아슬하게 넘나들면서 국민당의 추격에서 겨우 벗어날 수 있었던 것이다. 에드거 스노는 '수만명의 국민당 군대를 돌파하면서 서북 지역의 새로운 근거지로 향하는 고난의 대장정을 이겨내게 했던 그들의 희망과 목표와 꿈은 어떤 것이었는가?'를 알고 싶었다고 말했다.

그때 우리나라에서는‥‥‥‥‥

▶ 일제에 의해 우리말 교육 금지(1938)

126

시안사변과 제2차 국공합작

(1936~1937)

공산당이 산시성 북부의 옌안에 근거지를 마련한 다음 해, 중국 대륙을 노리
던 일본이 중일전쟁을 일으켰다. 공산당과 국민당은 장쉐량의 중재로 국가
와 민족을 위해 내전을 멈추고 손을 잡게 된다. 이른바 제2차 국공합작이다.
이들은 일본이 패망할 때까지 함께 항일투쟁에 나섰다.

∷ 장쉐량에 의한 장제스의 감금

1932년 3월, 중국에 괴뢰 만주국을 세운 일본은 세계 여론의 비난에도
불구하고 국제연맹을 탈퇴하면서 중국에 대한 무력 침략을 본격화했다.
일본은 1935년에 허베이(河北), 산시(山西), 허난(河南)을 장악하여 중국을
분할시키고 각각에 자치 정부를 수립하려 했다. 그로 인해 베이징, 난징,
상하이에서 학생, 노동자들을 중심으로 항일운동이 시작되었다. 민중들
은 일본제품의 불매운동을 결의하면서 정부를 향해서는 내전을 중지하고
항일 전선의 조직을 요구했다.

공산당은 대장정을 마무리할 즈음 조직을 재정비하여, 1934년 후반부
터는 항일 통일전선을 구축하기 시작했다. 이때 항일투쟁에 나선 조선인
부대도 편성되었다고 한다.

1936년경 공산당은 장쉐량을 접촉하여 국공의 대결을 중단하고 함께

장쉐량. 젊은 시절에는 아편중독자였으나, 아편을 극복하고 아버지 장쭤린의 영역이었던 동북 3성을 확실하게 장악했다.

항일 투쟁에 나설 것을 촉구했다. 그러나 장쉐량은 여전히 외적에 대항하기 전에 국내의 적을 물리친다는 '안내양외(安內攘外)' 정책을 고수했다. 장제스가 서북 지역의 공산당 토벌에 집중할 것을 명령했기 때문이었다. 그러나 병사들은 오랜 전쟁에 지쳐 있었으며 내전에 대한 의구심으로 전선이 흔들렸다. 마침내 1935년에 저우언라이와 두 번을 만나 대화를 나누어 본 장쉐량은 '항일'에 대해서는 공산당도 신뢰할 만한 동맹자라는 생각을 하게 되었다.

장쉐량의 변화를 감지한 장제스는 1936년 12월 시안(西安)의 정세를 살피고 공산당 토벌을 강화시키기 위해 직접 시안으로 갔다. 당시 시안은 장쉐량의 동북군 뿐만 아니라 내전 중지를 요구하는 학생들의 시위로 들끓고 있었다. 장쉐량은 이들을 무력으로 진압하라는 장제스를 설득하려 했지만 오히려 더욱 심한 질책을 받게 되자 동북군과 함께 장제스를 감금시켜 버렸다. 일종의 쿠데타였던 것이다. 그후 장쉐량은 성명을 발표하고 내전 정지를 비롯한 8가지 요구 사항을 제시했다.

1. 난징 정부를 개편하고 여러 정당과 당파를 참여시켜 공동 정부를 세운다.
2. 모든 내전은 중지한다.
3. 상하이에서 체포한 애국운동 지도자들을 전부 석방한다.
4. 구속된 전국의 정치범을 즉각 석방한다.

5. 인민의 집회 결사의 권리를 보장한다.

6. 인민의 애국 운동을 탄압하지 않는다.

7. 쑨원의 유언을 확실하게 실행한다.

8. 구국을 위한 회의를 즉시 소집한다.

시안사변과 장제스의 납치로 중국은 다시 내전의 위기에 빠져들게 되었다. 국민당 군대는 총공세를 결정했지만 소련은 중국의 내전이 필연적으로 일본에게만 유리하다고 판단했다. 중국 공산당도 역시 내전보다 항일 운동이 시급하다고 생각했으므로 저우언라이는 장제스를 만나 내전의 중지를 요구했다.

:: 내전중지와 항일투쟁

1936년 12월 25일 장제스의 부인 쑹메이링(宋美齡)이 시안에 도착하면서 협상이 진행되었다. 그 결과 장쉐량의 요구를 받아들인다는 조건으로 장제스의 석방이 결정되었다. 장제스는 공산당 토벌작전을 중지하고, 일본에 대항하기 위해 공산당과 통일전선을 약속할 수밖에 없었다. 장제스는 협정에 서명하는 것은 거부했지만 항일 운동과 공산당 토벌 중지를 약속했다.

1937년 9월 제2차 국공합작이 성립되었다. 장제스는 공산당의 지위를 합법적으로 인정하고 정치범을 석방했으며 국민참정회를 설치하여 국민당 외에도 공산당과 다른 당파들을 전부 참여시켰다. 또한 공산당은 토

시안으로 달려간 쑹메이링. 저우언라이, 장쉐량과 협상하여 장제스가 석방되고 제2차 국공합작이 성립되었다.

지개혁 중지, 소비에트 해체, 국민당 정부의 통치지배 등을 수용했으며 홍군은 국민혁명군 제8로군과 신편 제4군으로 재편되었다. 국공합작은 1945년까지 항일 전쟁이 유지되는 동안 지속되었다. 그러나 장제스의 국민당 군대는 오지인 충칭(重慶)에 정착하면서 항일전쟁에 적극적으로 참여하지 않은 반면, 공산당은 게릴라전으로 대대적인 항일전쟁을 벌여 자신들의 세력을 크게 확장시켰다.

장제스를 석방한 장쉐량은 장제스와 함께 난징으로 돌아왔다. 군인으로서 상관의 명령을 무력으로 압박한 것에 대한 책임을 지려는 것이었다. 군법회의에 회부된 그는 자신의 주장이 정당한 것이었기 때문에 처벌은 받겠지만 곧 사면될 것이라고 생각했다.

그러나 사형을 선고받고 훗날 감면을 받았으나 실제로는 장제스에 의해 감금된 것이나 마찬가지였다. 장제스가 죽을 때까지 연금 상태는 풀리지 않았다. 결국 훌륭한 군인이며 지도자를 잃은 동북군은 거의 궤멸되어 버렸으며, 장쉐량은 2001년 하와이에서 생을 마감했다.

그때 우리나라에서는 ‥‥‥‥

▶ 김원봉의 주도로 조선의용대 창설(1938)

중일전쟁

(1937~1945)

괴뢰 만주국 수립 이후 중국의 화북 지역을 점령한 일본군에 의해 벌어진 중국 침략전쟁이다. 단기전으로 중국을 점령할 수 있을 것처럼 보였으나, 무리한 군사력 배치, 중국 내의 항전 세력 등으로 일본의 전략은 실패로 끝났다. 또한 일본은 난징대학살의 전범이라는 역사상 가장 불명예스러운 평판을 얻게 되었다.

:: 루거우차오 사건

1937년 7월 7일 베이징 교외의 루거우차오(蘆溝橋 노구교) 근처에서 실전연습을 하던 일본군 사이에 한차례의 총소리가 울려 퍼졌다. 일본군은 사병 1명이 실종되었다며 중국군 수비대에 항의했다. 일본군 병사가 중국군에게 납치된 것이 분명하다며 부근의 완핑(宛平)에 들어가 수색하겠다고 주장했다.

중국군이 일본의 요구를 거절하자 일본군은 루거우차오 일대로 대병력을 이동시키고 보복공격을 퍼부었다. 일본과 중국 간의 군사적 충돌이 발생한 것이다. 그러나 전투는 국지전 차원에서 더 이상 진전되지는 않은 채 정전협상이 진행되었다.

일본은 중국군의 사죄와 더불어 용딩허(永定河)에서 중국군의 철수를 요구했다. 그러나 사태를 보고 받은 장제스는 타협을 거부하고 굳게 지킬 것을 명령했다.

루거우차오 사건을 보고받은 일본은 처음에는 전쟁을 확대시키지 않으려 했다. 그러나 군 내부는 전쟁 확대와 반대의 두 파로 나뉘었다. 반대파는 소련의 참전을 경계했지만, 군사적 긴장이 높아진 가운데 일본은 관동군(關東軍)을 중심으로 중국군에 대한 침략을 개시했다.

루거우차오 사건은 표면적으로는 우연히 발생한 국지전이었지만, 사실은 일본 군부 내 파벌간의 충돌에 의해 설계된 모의였다. 관동군에 의해 만주 점령에 성공한 일본의 소장파 장교들은 호전적 애국주의를 내세우며 중국의 화북을 제2의 만주국으로 만들어 일본의 위상을 높이려 했다. 결국 일본 소장파 장교들이 루거우차오 사건을 모의한 것이었다.

전쟁이 시작되자 장제스의 국민당 정부는 평화 포기와 항전을 선언했다. 중국의 민중들과 국민당은 물론 공산당 모두 생명을 걸고 국가의 생존을 위해 함께 투쟁할 것을 결의했다. 특히 마오쩌둥, 주더, 펑더화이 등의 공산당 지도자들은 장제스의 지휘에 따라 싸우겠다는 의사를 밝혔다. 이로써 중국과 일본 간의 제2차 중일전쟁이 일어났다.

:: 일본군에 의해 자행된 난징 대학살

전쟁이 시작되자 군대들이 만주와 일본 본토로부터 속속 화북으로 밀려들어왔다. 일본군은 전쟁을 신속히 끝내고 싶어 했다. 3개월이면 끝낼 수 있을 것으로 판단한 일본은 난징 정부에 경제 조약을 내밀며 동의하

1937년 난징에 입성하는 일본군.

라고 강요했다. 현대화로 무장된 일본의 군대는 중국 군대보다 훨씬 전력이 뛰어났으며 결국 베이징이 함락되고 연이어 톈진도 함락되었다.

중국은 소련, 영국, 미국 등에게 경제제재를 통해 일본에 대해 강력한 태도를 취해 주기를 바랐지만 적극적인 개입은 이루어지지 않았다. 결국 8월에는 중국의 금융 중심지인 상하이가 일본군에게 함락되었다. 당시 국민정부의 수도 난징과 상하이는 바로 지척이었기 때문에 장제스는 난징을 포기하고 쓰촨(四川)의 충칭으로 옮겨 갔다.

쓰촨은 지형이 험난하고 깊은 협곡과 물살이 센 양쯔강을 끼고 있어서 일본군의 침투가 쉽지 않았다. 장제스는 우한(武漢)에 머물면서 총사령관으로서 중국군의 작전을 지휘했다. 결국 속전속결로 끝내려 했던 일본군의 전쟁은 국공합작을 이룬 중국군의 반격으로 시간이 지날수록 더욱 치열해지기만 했다.

중국군의 완강한 저항에 부딪힌 일본군은 그해(1937년) 12월에 국민정부의 수도인 난징을 점령하기에 이르렀다. 일본군은 이곳에서 훗날 '난징 대학살'이라고 불리게 된 사건을 자행했다.

5만 여명의 일본군은 난징에 남겨진 10만 여명(30여만 명이라는 주장도 있다.)의 중국 인민들에게 무자비한 학살, 강간 등을 자행했다. 또한 중국군 포로들은 식량 부족을 이유로 살해해 버렸다. 중국 인민들에 대한 일본군의 태도는 군인이 아닌 약탈범의 행태였던 것이다.

이 사건은 너무나 악명이 높아 일본 국내에는 비밀에 붙여졌으나 당시의 참상을 목격한 수많은 종군 기자들의 생생한 증언으로 밝혀지게 되었다. 전후 도쿄 국제전범 재판소에서 본격적인 폭로가 이어졌다.

1938년 일본군은 쉬저우(徐州), 광둥(廣東)에 이어 장제스의 군사령부 소재지인 우한(武漢)까지 점령해 버렸다. 우한의 몰락으로 장제스의 국민당 지도자들은 절망에 빠졌지만 항쟁을 멈추지 않았다. 여기에는 공산당도 국민 정부의 일부로 참가했으며 정부군이 빠져 나간 지역에서는 자위대가 형성되어 항쟁 의지는 더욱 고조되었다.

일본군은 중국의 주요 지역을 점령했으나 점령지를 직접 통치할 수는 없었으므로 일본에 협력하는 괴뢰 정권을 내세워 유지할 수밖에 없었다. 결국 100만에 가까운 일본의 군사력도 시간이 지나면서 거의 한계에 도달하게 되고 전선은 교착 상태에 빠져들었다.

장제스는 일본군에 저항하여 시간을 벌겠다는 작전으로 황허강의 제방을 폭파하는 극단적인 선택을 하기도 했다. 허난, 안후이, 장쑤성에 인접한 수많은 토지가 수몰되고 난민이 발생했다(우리나라에서 6·25 전쟁 당시

1·4 후퇴를 하면서 이승만 정권에 의해 한강 다리가 폭파된 것과 다르지 않다).

:: 제2차 세계대전

일본이 일으킨 중일전쟁은 국제적으로 강력한 반발을 일으켰으며, 1939년 독일의 폴란드 침공은 제2차 세계대전으로 확대되었다.

일본이 1940년 9월 독일, 이탈리아와 3국 동맹을 체결하면서 영국과 미국의 강한 반발을 초래했다. 일본은 미국과 영국에 선전포고를 하고, 1941년 12월 8일 기습적으로 진주만을 폭격하면서 태평양전쟁을 도발했다. 중국은 미국, 영국을 비롯한 열강과 함께 연합군에 참가하여 일본에 대응했다.

1943년 12월 1일, 연합국과 중국 간에 이루어진 카이로 선언이 발표되었다. 주요 내용은 일본에게 '무조건 항복'을 요구하는 것이었으며, 일본이 탈취한 중국의 영토를 전부 반환하고 태평양제도에 있는 일본의 통치 지역도 미국에 넘겨줄 것을 요구했다. 또한 일본이 합병한 조선의 독립을 국제적으로 인정했다.

1943년 11월 카이로 회담. 장제스, 루즈벨트, 처칠이 함께 일본에 대한 대응을 협의했다.

중일전쟁은 일본이

1945년 8월 15일 연합국에 무조건 항복하고 제2차 세계 대전이 종결되면서 끝났다. 1945년 9월 9일 중국 침략 일본군 총사령관이 항복문서를 중국에게 건네주었다.

중국은 1937년 중일전쟁 기간 동안 거의 독자적으로 일본에 항전했다. 국제사회는 유럽의 불안한 정세로 인해 동아시아에 관심을 가질 여력이 없었다. 유일하게 소련은 중일전쟁으로 인해 일본으로부터의 직접적인 압력을 피할 수 있었기 때문에 중국에 차관을 제공하고 소련제 비행기와 군사 고문 등을 파견했다. 미국, 영국, 프랑스는 아주 적은 금액의 차관을 도와주었을 뿐이었으며 미국은 오히려 1939년 7월 통상조약이 종결되기 전까지는 일본과의 무역량을 늘리고 있는 상황이었다. 그러나 1941년

1945년 마오쩌둥과 장제스. 국공합작으로 일본에 대항했으나 1946년 이후 다시 결렬되었다.

12월 일본의 진주만 공격은 동아시아에서 전쟁의 구조를 바꾸어 버렸다.

영국과 미국 등 연합국은 중국에 대한 일본의 침략 행위를 규탄하고 1945년 전쟁이 끝날 때까지 중국에 막대한 양의 무기를 제공했다. 태평양전쟁 초기에 일본이 홍콩, 싱가포르, 필리핀을 잇달아 점령하며 연합국을 무력화시키는 동안에도 중국은 일본에 완강하게 항전했다. 이러한 중국의 모습은 서방국가들에게 강력한 인상을 심어 주었으며 특히 미국의 시찰단이 옌안에 들어갔을 때 공산당의 전투 능력을 확인하고 매우 놀랐다고 한다.

중일전쟁 기간 동안 중국의 내부, 즉 국민당과 공산당은 일본에 저항하는 초기 단계에는 단결을 경험했다. 그러나 국민당이 부패와 무능으로 전투력을 상실하고 있을 때, 공산당은 차츰 자신들의 세력을 중국 전역으로 넓혀가고 있었다. 그로 인해 국민당과 공산당 사이에 내전의 기운이 고조되고 있었다.

한편 제2차 세계대전 이후 새로운 국제 질서가 만들어지는 가운데 냉전체제가 형성되면서 주요 강대국이었던 소련과 미국의 입장이 첨예하게 대립하면서 중국을 둘러싼 열강의 구도도 변화되어 갔다.

그때 우리나라에서는 · · · · · · · ·

▶ 충칭에서 대한민국 임시정부 재정비(1940)

▶ 한국 광복군, 태평양 전쟁 직후 대일 선전포고(1941)

▶ 조선의용군, 중국 공산군(팔로군)과 함께 항일 투쟁(1942)

중국 근현대사의 변혁기에
운명적인 삶을 살았던, 쑹씨 자매

쑨원과 장제스를 이야기할 때 빼놓을 수 없는 세 명의 여성이 있다. 흔히 쑹씨 자매로 불리는 여성들이다. 중국의 저장(浙江) 재벌이었던 쑹쟈슈(宋嘉樹)의 딸들은 당시 중국의 운명을 좌우했던 인물들과 결혼하여 중국 근현대사의 흐름에 상당한 영향을 끼쳤다. 첫째가 쑹아이링(宋靄齡), 둘째 쑹칭링(宋慶齡), 셋째 쑹메이링(宋美齡)이다.

쑹아이링(1888~1973)은 중국 은행의 총재이며 중국의 금융과 부동산을 장악한 최대 재벌이었던 쿵샹시(孔祥熙)와 결혼했다. 아버지 쑹쟈슈의 권유로 쑨원의 비서로 활동하던 그녀는 남편과 함께 쑨원의 혁명 활동을 지원했다. 또한 장제스가 북벌을 감행하자 첨단무기와 인적자원을 조달하고 혁명자금을 지원하면서 중국 인민들의 지지를 받았다.

쑹씨 자매(쑹아이링, 쑹칭링, 쑹메이링)(좌)와 첫째 쑹아이링과 결혼한 쿵샹시(우). 쿵샹시는 난징정부와 장제스 정부에서 재정 및 고위관직에 있었다. 그러나 말년에는 부패와 뇌물 사건으로 물의를 일으켰다.

쑹칭링(1892~1981)은 언니가 결혼한 후, 쑨원의 비서가 되었다. 당시 쑨원은 1912년 신해혁명 이후 난징 임시정부의 대총통이었다. 그러나 위안스카이에 의해 혁명이 좌초되자, 쑹칭링은 쑨원과 함께 일본으로 망명하여 1914년에 결혼했다. 그녀는 22세였으며 쑨원은 54세였다. 30년이 넘은 나이 차이에도 불구하고 그녀는 쑨원의 혁명 사상을 가장 잘 이해하고 열렬히 지지하는 동지였다.

쑨원과 결혼한 쑹칭링.

쑨원이 혁명을 완수하지 못한 채 일찍 사망한 후 그녀는 국공합작을 위해 노력하며 항일 운동에 전념했다. 국민당의 장제스와 대립하면서 공산당을 지원했으며 중화인민공화국의 부주석으로 활동했다. 그로 인해 장제스와 결혼한 동생과는 정치적인 적대관계가 될 수밖에 없었다.

쑹메이링(1898~2003)은 중국의 국민당을 이끌던 장제스와 결혼했다. 공산당과의 전쟁에서 패배한 장제스는 1949년에 타이완으로 옮겨가 중화민국 정부를 세우고 초대 총통이 되었다. 쑹메이링은 영어가 아주 능숙했으며 외교 능력이 뛰어나 장제스의 비서이자 외교고문으로 활동하면서 미국과의 우호관계를 이끌어내는데 결정적인 역할을 했다.

특히 쑹메이링은 장제스가 국공합작을 통한 항일투쟁을 주장하던 장쉐량에 의해 시안에 감금되자(1936년), 직접 시안으로 달려가 장제스를 구출했다. 장쉐량은 그녀가 결혼하기 전의 연인이었다는 사실로 인해 이 사건은 더욱 중국 인민들의 관심을 끌었다.

아직도 쑹씨 자매에 대해, 큰딸은 부를 선택했고, 둘째딸은 조국을 사랑했

으며, 셋째딸은 권력을 택했다는 말이 회자될 정도로 세 사람은 엇갈리는 운명 속에 중국의 정치적 변혁기에 중요한 역할을 했다. 또한 남동생(쑹쯔원 宋子文)도 쿵샹시와 함께 중국의 경제사회에 막강한 영향력을 발휘했기 때문에 재벌의 원조가 없었다

쑹메이링과 장제스 결혼(좌), 쑹쯔원(우). 쑹쯔원은 국공내전이 끝난 후 타이완 이주를 거부하고 미국으로 망명했다.

면 중국에서의 혁명은 일어나지 못했을 것이라고 말하는 사람들도 있다.

장제스와 쑹메이링은 전투력이나 외교적 전략에서 공산당보다 훨씬 유리한 조건이었다. 장제스는 미국의 자금지원을 비롯하여 전투기, 탱크, 병력 등이 공산당의 거의 10배 정도였다. 그러나 공산당 군대에 패배하고 결국에는 중국 대륙을 포기하고 타이완으로 물러났다.

장제스의 전력은 거의 실패할 수가 없는 규모였지만 군벌과의 유착, 정치 관료의 부정부패, 전쟁 비용을 위한 지나친 세금 징수, 인플레이션 등으로 빈곤에 시달리는 중국의 민중들을 외면했다. 특히 1942년 허난성(河南省)의 대기근은 유례를 찾아볼 수 없을 정도로 참혹했다. 300만 명이 굶어 죽고 수십만 명이 허난성을 탈출하는 피난 행렬이 이어졌다.

그런데도 장제스의 국민 정부는 국가로서의 아무런 역할을 해 주지 않았으며, 오히려 미국의 원조를 착복하고 쿵샹시, 쑹쯔원 등 금융재벌은 통화개혁, 은행 등을 장악하고 자신들의 이익을 챙겼다. 결국 절망과 분노에 찬 중국 민중들은 장제스 정부를 거부하고 수많은 젊은이, 가난한 농부들이 마오쩌둥의 공산당이 있는 옌안으로 몰려갔다.

제3장
사회주의 혁명과 개혁 개방의 시대

중화인민공화국과 타이완

(1949)

1921년에 창당된 중국 공산당은 28년만에 중국 대륙을 정복했으며, 마오쩌 등은 권력의 최고 자리인 주석의 지위에 올랐다. 반면 공산당과 대립하던 장 제스는 중국 내전에서 실패하고 군대를 이끌고 대륙을 떠나 1949년 12월 타이완으로 철수했다.

:: 마오쩌둥의 중화인민공화국 탄생

제2차 세계대전 이후 중국은 미국, 소련, 영국 등과 함께 유엔 및 안보 리 5대 상임 이사국이 되었다. 장제스는 루즈벨트, 처칠, 스탈린 등과 함 께 국제회의에 참석하는 등 중국은 그동안 자신들을 억압했던 서구 열강 들과 어깨를 나란히 할 수 있게 된 것이다.

1945년 일본 본토의 히로시마와 나가사키에 원자폭탄이 투하되어 일 본이 패망하자 그동안 항일전쟁에 몰두했던 중국인들은 마침내 일본으로 부터 벗어날 수 있게 되었다. 그들은 평화가 찾아올 것이며 사회적, 경제 적으로 변화가 있으리라 기대했다.

항일전쟁 중 힘을 합쳤던 국민당과 공산당 사이의 내전도 더 이상 계 속되어서는 안 된다고 생각했다. 공산당은 민중들의 이러한 여론을 파악 하고 있었기 때문에 내전을 끝내야 한다는 입장이었다. 미국 정부 역시 전후 중국 내의 혼란을 끝내기 위해서는 국공 양당 사이를 조정할 필요가 있다고 생각했으며, 그것은 소련의 의견과 일치하는 것이었다.

전후 중국의 혼란과 안정을 위해 마오쩌둥과 장제스는 충칭(重慶)에서 평화 교섭을 위한 회담을 가졌다. 일본군이 주둔했던 지역을 차지하기 위한 국공 양당의 충돌이 예상되기 때문이었다. 8월부터 시작한 회담은 10월 10일 합의문에 서명하기에 이르렀으며 이것을 '쌍십협정(雙十協定)'이라고 한다.

정치제체는 쑨원의 삼민주의를 이념으로 하는 국민당을 중심으로 하며 공산당의 독자적인 무장을 허용하지 않고, 양당의 군대를 하나의 군대로 편성한다는 것이었다. 또한 전후 정권 구상을 위해 양당이 협의하기 위한 '정치협상회의'를 열어 연합정부를 구성한다는 것이었다.

당시 미국을 비롯한 서구 열강들은 마오쩌둥과 공산당에 대한 정보가 거의 없는 상태였으므로 장제스를 원조하며 국민당 정부에 정통성을 부여하고 있었다. 또한 소련의 스탈린은 장제스와 우호동맹조약을 체결하고 만주에서 소련군을 철수시켰다.

일본이 전쟁에서 항복한 상태에서 더 이상의 항일전쟁은 필요하지 않았지만 일본군이 주둔하던 지역을 서로 차지하려는 양당 사이의 대결로 크고 작은 내전들이 끊이지 않았다. 미국은 표면적으로는 국민당과 공산당 사이를 중재하고 있었지만 내정 간섭이라는 비판이 있었기 때문에 소극적이었다. 장제스는 미국의 힘을 이용하여 중국에서 공산당을 제거하고 싶어 했다. 그러나 공산당은 항일전쟁을 하는 동안 세력을 강화한 소비에트를 중심으로 공산당의 근거지를 넓혀 나갔다. 공산당의 실제 군사력은 국민당보다 열세였다. 그러나 새로운 정치제도와 토지개혁 등의 정책은 소비에트 지역의 농민들로부터 커다란 호응을 일으켰다.

군사력에 대해서는 자신이 있었던 장제스는 공산당과의 합의를 계속 지킬 생각이 없었으므로 다시 공산당을 공격하기 시작했다. 협정을 체결한 지 몇 개월도 지나지 않아 중국은 다시 국공의 충돌이 전국적으로 확산되면서 다시 내전 상태에 빠져들었다. 1946년 6월 국민당 군대가 화북(華北)과 화중(華中)의 소비에트를 공격했으며, 1947년에는 대장정 이후 공산당의 근거지가 된 옌안까지 공격하여 점령했다. 마오쩌둥을 비롯한 공산당은 산시성(陝西省) 북부에서 산시성(山西省), 허베이성(河北省) 산악지대로 밀려났다.

그러나 공산당은 국민당의 공격 목표인 중요 도시지역은 방어하지 않고 오히려 후퇴하면서 철도가 통과하는 지역을 공격하여 보급선을 차단

베이징으로 들어가는 중국 공산당군.

하면서 국민당을 교란시켜 무력화시켰다.

표면적으로는 공산당이 밀려나는 것처럼 보였지만 국민당 군대의 힘이 분산되면서 오히려 세력이 약해지기 시작했다. 또한 국민당 정부는 내부적으로 부정부패가 심해 인민들의 고통은 외면했으며 마침내 물가폭등이 일어나자 도시 노동자들의 항의 시위가 거세게 일어났다. 농촌에서는 무리한 납세에 대한 거부 운동이 일어나면서 국민당은 차츰 자신들의 지지 기반을 잃어갔다.

반면에 공산당의 소비에트 지역에서는 토지개혁을 통해 지주들의 토지가 농민들에게 분배되고 부패 관리들이 척결되고 있었다. 많은 사람들이 공산당에 합류하기 시작하여 차츰 공산당의 병력도 늘어났다. 100만 정도였던 병력이 1947년에는 200만으로 증가될 정도였다.

1947년 하반기에 이르러 공산당의 전면적인 반격이 시작되었다. 허베이(河北)가 공략되고 린뱌오(林彪)가 이끄는 공산당이 만주를 점령하고 선양(瀋陽 심양), 창춘(長春), 진저우(錦州)를 공략하며 국민당 군대를 포위해 갔다.

결국 장제스가 이끄는 국민당군은 전투력을 상실하고 1948년 화이하이(淮海) 대전투(1948년 10~12월까지 장쑤성 북부 쉬저우徐州에서 벌어진 전투. 공산당군의 승리로 국공내전이 종식되었다.)에서 20여만 명을 잃고 1949년 4월 난징(南京)으로 쫓겨 갔다.

궁지에 몰린 장제스는 총통에서 사직하고 마오쩌둥에게 평화 협상을 제안했으나 장제스의 세력은 이미 기울어졌다는 것을 보여주는 것일 뿐이었다. 결국 국민당 정부는 중국 대륙의 남단 광저우(廣州)로 후퇴하여 미국의 보호를 받으며 중국 대륙에서 타이완으로 철수했다. 1949년 1월

1949년 베이징의 톈안먼에서 중화인민공화국의 탄생을 선포하는 마오쩌둥.

공산당은 마침내 베이징(北京)에 입성했다. 그리고 10월 1일 마오쩌둥은
베이징을 수도로 하는 중화인민공화국의 건국을 선포한다.

∷장제스의 타이완 철수

중국 내전에서 패한 장제스는 살아남은 자신의 군대를 이끌고 1949년
12월 타이완으로 철수했다. 장제스의 국민당이 실패한 원인은 항일 전쟁
이후 군사력과 사기가 매우 약해졌으며, 급격한 인플레이션으로 인한 경
제적 붕괴는 국민당 정부에 대한 인민의 지지를 잃게 했다. 또한 우방으
로 택한 미국의 원조는 방향성을 잃고 있었다. 당시 미국 내에는 중국 공
산당에 대한 정보가 거의 없었다.

그러나 공산당은 항일 전쟁 기간에 군사력을 강화시켰으며 국민 정부
가 소홀히 한 사회개혁과 정치개혁으로 수많은 중국 농민들을 자신들의

세력으로 만들 수 있었다.

타이완은 1895년 청일 전쟁 이후 시모노세키 조약으로 일본의 식민지 상태였으나 1945년 일본의 패전으로 다시 중국의 영토로 환원되었다. 1949년 12월 장제스는 이곳에서 '중화민국'으로 국가체제를 갖추면서 반드시 중국 본토를 수복한다는 명분을 내걸었다. 일체의 정당 및 단체 활동을 허용하지 않았으며 일당 체제를 반대하는 혁명가나 공산당은 숙청해 버렸다.

1950년 한국전쟁이 발발되었을 때 미국은 한반도 및 타이완에 군사 개입을 통보하고 미 제7함대를 배치했다. 즉 소련과 미국이라는 냉전체제의 질서 아래에서 타이완은 미국의 우방이 되었으며 미국으로부터 경제 원조를 받으며 경제적 성장을 이룩했다.

결국 중국 대륙은 '중화인민공화국'으로, 타이완 해협 건너의 섬에는 '중화민국'이라는 두 개의 정부가 대치하게 된 것이다. 이러한 관계는 1979년 미국과 중화인민공화국 사이에 국교가 체결될 때까지 지속되었다. 중국은 다른 나라와 외교를 맺을 때 타이완과의 단절을 요구했다. 따라서 1970년대의 타이완은 국제적으로 고립된 상태였으며, 우리나라도 1992년 중국과 수교하면서 타이완과 국교를 단절하기도 했다. 그러나 2000년대 후반 중국과 타이완의 관계가 개선되었고 경제 협력, 우편 왕래, 관광 등이 자유화되었다.

그때 우리나라에서는 ·········

▶ 8 · 15 광복(1945)/ 미군정 실시(1945~1948)

중국 공산당의 사회주의 혁명

(1949)

황제에 의해 유지되던 청 왕조가 1911년 신해혁명으로 무너진 후, 1949년 중국은 새로운 국가로 탄생된다. 마오쩌둥은 농민 계급을 혁명의 기반으로 삼고 사유재산제도를 폐지하고, 노동자, 농민, 소자본가, 민족자본가 계급이 주인이 되는 공산주의 국가의 건설을 이상으로 삼았다.

:: 계급혁명으로 시작된 새로운 사회

오성홍기. 붉은색 바탕에 노란색 5개의 별이 있다.

1949년 10월 1일 마오쩌둥은 베이징의 톈안먼 광장에서 중화인민공화국의 수립을 선포했다. 그동안 외세에 굴종했던 중국 인민들이 마침내 '굴기(떨쳐 일어났음)'를 선포한 것이다. 위안스카이가 1912년 중화민국 초대 총통에 취임한 이후 37년에 걸친 내전을 끝내고 새로운 중국의 건립을 선언했던 것이다.

붉은색을 바탕으로 노란색의 오각형 별 1개와 그 주변에 4개의 작은 별이 박힌 '오성홍기'를 국기로 확정했다. 큰 별은 중국 공산당의 지도를 상징하며, 4개의 작은 별은 노동자, 농민, 소자본가, 민족자본가 계급의 연맹을 상징했다. 수도는 베이징(베이핑으로 개명되어 있었다.)으로 정했다.

마오쩌둥의 통치이론은 마르크스-레닌주의를 계승하며 중국을 열강의 반식민지 상태에서 독립적인 사회주의 국가로 전환한다는 것이다. 따라서 중국 공산당의 지도하에 4계급 연맹을 기초로 '인민민주독재'를 실행하며, 제국주의와 봉건주의, 관료자본주의에 반대한다고 선언함으로써 사회주의 혁명을 중화인민공화국의 건국이념으로 규정했다.

소련의 승인과 동시에 몇몇 공산국가들도 신속한 승인 의사를 표시했다. 그러나 미국은 30여년이 지난 1979년 1월 1일이 되어서야 중화인민공화국 정부를 승인했다.

국가의 최고 권력기관은 전국인민대표대회이며 이 대회는 매년 개최되어(초창기에는 드물게 개최되었다.) 국가의 정책을 심의하고 정부의 최고 관리들을 선출했다. 중화인민공화국은 일련의 정치적 개혁을 실시하는 동안 경제적 변환을 시도하는데, 가장 시급한 것은 인플레이션 억제와 마비된 국가 경제를 수습하는 것이었다.

1950년 재정경제위원회라는 기구가 조직되어 인민폐를 발행하여 통화량을 통일시켰다. 물가와 임금을 안정시켰으며 농업세, 공업세, 상업세, 판매세, 소득세 등 세금을 감면하는 경제 활성화 정책으로 인플레이션을 억제시켰다.

농촌에는 1950년 6월 '토지개혁법'이 실시되었다. 공산당이 소비에트를 점령하면서 급진적 또는 온건적으로 시행했던 정책의 연장이었다. 대토지 소유자들의 토지와 농기구를 몰수하여 토지가 없는 빈농에게 재분배했다(전체 경작지의 거의 절반). 이것은 지금까지 자신의 토지를 가져보지 못했던 가난한 농민들과 공산당 신정권 사이에 유대 관계가 형성되는 가장 큰 계기가 되었다. 결국 마오쩌둥의 '사회주의 인민공화국'의 핵심적

대지주의 토지를 몰수하여 빈농에게 분배했다. 분배 정책이 안정되기까지 상당한 혼란과 부작용이 수반되었다.

인 개혁 정책으로써 중국 공산당의 혁명을 성공으로 이끈 결정적인 역할을 했다.

지주와 부농 계급은 참혹하게 타격을 받아 중국 전통사회에서 엘리트 계급이었던 신사(紳士) 계층이 완전히 붕괴되었다. 또한 혼인법을 새로 개정하여 축첩과 같은 낡은 가부장 제도를 폐지하여 유교적 가족제도에 억눌려 있던 중국 여성들에게 법적 평등을 보장함으로써 중국 사회를 근본적으로 변화시켰다.

그러나 경제계획에 서투른 공산당 정권은 국영 기업과 민간 기업의 균형적인 융화 정책에서는 시행착오가 많았다. 규제를 견디지 못한 민간 기업의 자금, 기술, 인력 등이 해외로 빠져나가기 시작했다. 또한 토지개혁에서도 지주에 대한 무분별한 폭력으로 혼란이 발생하기도 했다. 착취를 당했던 농민들이 지주들을 탄핵하는 과정에서 많은 사람들이 희생당했다. 즉 농촌을 기반으로 하던 전통사회가 무너지면서 농업 생산 확대에 부정적인 영향이 나타나기도 했다.

:: 소련과의 동맹

중화인민공화국의 수립 후 마오쩌둥의 외교 전략은 서구 열강 중에서 미국과 소련 어느 쪽과 손을 잡아야 할지가 가장 시급한 과제였다. 미국은 장제스를 원조하고 있었기 때문에 마오쩌둥으로서는 소련과의 우호관계를 수립하기 위해 스탈린을 만나야 했다.

1949년 12월 16일 마오쩌둥은 모스크바를 방문했다. 스탈린이 마오쩌둥을 불편하게 바라보고 있었지만 소련의 경제 원조가 시급했기 때문이다. 이제 겨우 수립된 중화인민공화국을 서양 열강으로부터 인정받기 위해서는 가장 먼저 소련의 인정이 필요했던 마오쩌둥은 태어나 처음으로 모스크바를 방문했다.

마오쩌둥은 자신이 직접 소련을 방문하여 중국의 정치 체제와 경제 발전은 소련식 발전을 모범으로 삼겠다는 의향을 전달했다. 협상은 쉽지 않았지만 마침내 1950년 2월 14일 중소우호동맹조약이 체결되었다. 당시의 국제적 관계에서 이 조약은 공산당 진영에 속한 두 나라의 동맹으로써, 일본과 미국에 대한 방위 동맹의 성격이 컸다고 할 수 있다.

스탈린은 중국의 공업화와 현대화를 위해 중국에 차관을 약속했으며, 그 외에 1945년 일본의 항복으로 재장악한 만주 지역에 대한 소련의 이권을 반환하면서 창춘철도(만주횡단철도)도 중국에 반환하기로 약속했다.

그러나 뤼순(旅順)과 다롄(大連) 무역항은 몇 년간 소련이 사용하기로 했으며 중국의 핵 기술 개발을 원조하기로 했다.

소련과의 동맹 이후 영국과 미국 등 다른 국가들도 일반적인 외교관계를 서둘렀으며 유엔에서도 중화인민공화국의 대표권을 행사할 수 있게 되었다. 따라서 소련의 원조는 인민공화국 초기 정치적 안정을 유지하는 데 기초가 되었다. 이것은 중국을 국제공산주의 운동의 기지로 삼고자 하는 소련의 정치적 의도였다. 이러한 양국의 관계는 아시아 국가들 사이의 관계에도 커다란 영향을 미쳤다.

:: 중국 주변의 소수 민족

소련이 연방국가인 반면에 중국은 역사적으로 중앙집권적 권력으로 통일된 다민족 국가였다. 따라서 변경 지역 소수민족들의 분리 독립의 권리를 인정하지 않았다. 중화인민공화국은 그동안 군벌의 대립, 외국의 침략 등으로 통제력이 약화되었던 변경 지역을 중국의 영향권 안에 두려고 시도했다.

신장, 내몽골, 만주, 티베트 등이 중국에서부터 분리 독립하려는 움직임을 보이자 봉건적 질서로부터 소수민족을 보호한다는 명분으로 이들의 저항운동을 무자비하게 탄압하고 소련의 힘을 빌려 중국 영토 내로 편입시켰다.

이외에도 마오쩌둥은 1950년에 북한에게 100만 명의 홍군을 보냈으며 또한 1954년에는 남베트남과 미국에 맞서 전쟁을 하고 있는 북베트남에

티베트 라싸 시의 포탈라 궁.

엄청난 지원을 했다. 그 외에 아시아의 비공산권 국가가 미국과 교류하는 것을 적극적으로 막았다.

특히 중국 서북쪽 끝에 있는 신장웨이우얼자치구는 자치구 중 가장 면적이 넓었다. 고대 중국인들이 서역이라 부르던 중앙아시아 지역으로 비단길이 지나는 곳으로 10세기경 이슬람교를 받아들였으며 청 건륭제 때 중국에 병합되었으나 이들은 반란을 일으키며 끊임없이 저항했다. 그러나 1949년 중화인민공화국에 병합되었다.

시짱자치구로 편입된 곳은 티베트 지역이다. 과거 청나라의 황제들은 티베트 문화를 이해하고 존중했으며 내정간섭을 하지 않았다. 그러나 청나라가 멸망하자 티베트의 달라이 라마 13세는 중국으로부터의 완전 독립을 선언했다. 1918년, 1930년 중국은 군사적 침입을 시도했으며 중국군을 막아낸 티베트는 제2차 세계대전 중에는 연합국의 일원이 되기도 했다.

그러나 1950년부터 중화인민공화국은 중국군을 다시 티베트에 진주시키기 시작했으며 1951년에는 1만 6천명의 중국군사가 주둔하게 되었다.

봉건체제의 티베트 인민을 해방시킨다는 명목이었지만 중국 내의 소수 민족들을 통합하겠다는 의도였다. 1955년 3월 12일 티베트 자치 정부가 세워졌지만 중국의 보호령이나 다름없었다.

1959년 티베트의 수도 라싸의 주민들이 중국군에 대항하며 대규모 시위를 벌였다. 이때 저항하던 티베트인 130여만 명이 죽음을 당하는 엄청난 폭력이 발생했으며, 1959년 정치 지도자이며, 종교적 수장이었던 달라이 라마 14세가 인도로 망명하는 계기가 되었다. 이후 티베트 민병대를 비롯하여 많은 사람들이 정치적 탄압을 피해 인도로 망명하고 있다.

2006년 칭장철도(중국 칭하이성에서 티베트의 라싸까지 연결된 철로. 해발 4,000 킬로가 넘는 구간이 86%이다.)가 개통되었는데, 중국은 이 철로를 이용해 수많은 한족들을 티베트로 유입시켜 유화정책을 펼치고 있다. 하지만 티베트인들의 항쟁은 여전히 계속되고 있다.

티베트의 수도 라싸는 히말라야 북쪽 4,500미터 고원에 있다. 이곳에는 티베트 불교의 성지인 조캉 사원이 있다. 티베트인들은 현생의 삶이 아니라 사후의 삶이 있다고 믿으며 영혼의 치유를 위해 이곳을 찾아오는 순례자들의 발길이 끊이지 않고 있다. 라싸까지의 2,000여 킬로미터를 오체투

오체투지의 순례자. 오체투지란 양 팔꿈치, 양 무릎, 이마 5군데를 땅에 대고 절하는 방식이다.

지로 가는 티베트인들의 신앙심은 전 세계 수많은 사람들에게 감동을 주었으며, 중화인민공화국에 의해 티베트 문화가 탄압받고 있다는 현실을 알려주는 계기가 되기도 했다.

:: 한국전쟁

마오쩌둥이 '중화인민공화국' 수립을 선포하고 소련과의 우호동맹을 체결한 후 1950년 6월 25일 한반도에서 전쟁이 발생했다. 소련의 지원을 받은 김일성이 남북 무력통일을 목표로 38도선을 넘어 공격을 개시한 것이다.

남북으로 나뉜 한민족은 서로를 향해 총을 겨누었다. 소련제 전차를 앞세운 북한군이 순식간에 낙동강까지 밀고 내려오자 미국은 즉각 유엔 안보리를 개최하여 남한에 대한 군사원조를 결정했다. 16개국으로 구성된 유엔군이 최고 사령관 맥아더의 지휘 아래 인천상륙작전을 개시하여 서울을 수복하고 38선을 넘어 북한의 투항을 요구했다. 유엔군은 개전 4개월만에 압록강에까지 이르렀다.

이때 마오쩌둥은 소련으로부터 북한의 김일성에 대한 적극 지원을 요청받았다. 중화인민공화국을 설립한 지 1년여 지난 시점에서 국내의 수많은 문제들과 티베트 침공, 타이완 견제 등으로 군사력을 동원하는 것은 너무나 큰 부담이었다.

그러나 마오쩌둥은 한반도의 정치적 변화가 중화인민공화국에 커다란 영향을 끼칠 수 있다는 판단을 했다. 사회주의 최전선인 북한을 미군

중공군이 남진을 시작하자 차가운 대동강을 맨발로 건너는 피난민들(1950).

이 차지한다면 전쟁은 중국 본토로 확대될 수 있으며 자칫 중국의 붕괴를 불러올 수 있다고 생각했던 것이다. 마오쩌둥은 한반도 사태를 방관할 수 없었다. 미국이 한반도를 장악할 경우 타이완의 장제스를 원조하여 대륙을 침공할 것을 두려워했기 때문이었다.

마오쩌둥은 북한이 일단 공격을 한다면 중국 군대 중 조선인 부대와 무기를 점진적으로 북한에 원조하겠다고 통보했다. 그러나 김일성에게 남한을 공격하지 말라고 권했으며 스탈린의 입장도 마찬가지였다. 미국과 소련의 개입은 자칫 제3차 세계대전이 일어날 수도 있다는 판단 때문이었다.

그러나 김일성은 1950년 1월 소련에 조선통일 계획의 완수를 위한 지원을 거듭 요청했다. 마침내 스탈린은 김일성의 계획에 동조하게 되었으며 마오쩌둥은 스탈린으로부터 소련 공군이 협력한다는 약속을 받은 다음 참전을 통보했다.

1950년 6월 25일 한반도에서 남과 북이 대치하는 전쟁이 발발했다. 마오쩌둥은 홍군을 대거 투입했다(중국에서는 항미원조전쟁이라고 말한다). 홍군의 최고 지도자인 펑더화이(彭德懷)의 지휘 아래 70만 명의 인민지원군이 압록강을 넘었다. 끝없이 병사를 투입하여 인해전술이라 불리는 홍군의 전법에 미군과 남한군은 밀려 내려와 북위 38도선을 사이에 두고 전쟁은 교착 상태에 들어갔다.

1953년 3월부터 휴전 교섭이 시작되고 7월 27일 휴전 협정이 체결되면서 전쟁은 끝이 났다. 미국은 한국전쟁이 시작되자 중국에 대한 경제 봉쇄를 단행했으며 미국의 동맹국에게도 경제 봉쇄를 요구했다. 중국에 대한 미국의 원조는 중단되었으며 이후 중국과 자본주의 국가들과의 교류는 중단되었다. 이로써 동아시아 전체에 냉전이 확산되는 결정적인 계기가 되었다.

결국 중국으로서는 소련에 대한 의존도가 높아지는 결과를 가져왔으나, 중국 공산당은 이 전쟁을 계기로 미국을 대표로 하는 자본주의 세력과 대항하겠다는 정신무장 운동을 펼쳤다. 이 전쟁에서 중국은 비록 많은 사상자를 냈지만, 미국과 서방 동맹국에 저항하면서 신중국의 모습을 전 세계에 과시할 수 있었다.

중국 인민들은 외세의 침략에 대항하고 중화민족의 자존심을 회복하였다는 민족주의적 정서로 공감대를 형성하면서 토지개혁 등 혁명 작업을 가속화시켰다. 이것은 어쩌면 마오쩌둥이 가장 원했던 결과일 수도 있다.

1950년 UN군 사령관 맥아더의 인천상륙작전. 유엔군의 반격으로 서울을 수복할 수 있었다.

또한 한국전쟁에서 미국에 비해 군사 장비가 훨씬 뒤떨어진다는 것을 알게 된 공산당 정권은 군사 장비를 현대화하기 위해 중화학공업 발전에 속도를 내게 되었다. 결국 한국전쟁은 중국 내에서의 공산당과 마오쩌둥의 지배력을 확고하게 만들어 주는 계기가 되었으며 이후 중국은 본격적인 사회주의 혁명으로 나아가게 되었다.

그러나 한편 소련의 이중적 태도는 마오쩌둥의 불신을 불러일으켰으며 이후 중소 양국 사이에 분열의 조짐이 나타나게 되었다.

미국도 한국전쟁이 발발하기 전에는 중국과 타이완에 대해 특별한 내정간섭을 하지 않겠다는 방침이었다. 그러나 미국의 트루먼(Harry Truman 1884~1972: 미국 제33대 대통령)은 공산주의에 대한 경계심을 갖게 되어 한국과 타이완의 역할을 새롭게 인식하면서 아시아에 대한 정책을 변경하게 되었다. 그후 미국은 한국과 타이완에 대한 경제적, 군사적 원조를 적극적으로 펼치기 시작했다.

그때 우리나라에서는 ·········

▶ 대한민국 정부 수립(1948)/북한 정권 수립(1948)

▶ 6·25전쟁(1950~1953)

티베트와 달라이 라마

　달라이 라마란 티베트에서 정치 지도자이며, 종교적 수장을 가리킨다. 전임 달라이 라마가 열반에 든 후 환생했다고 여겨지는 소년들 중에서 차기의 달라이 라마가 선출된다. 현재의 달라이 라마는 제14대(1935~)이다.

　청 왕조의 통치하에 있던 티베트는 신해혁명으로 중화민국이 설립되자 독립을 선언했다. 그러나 중국 공산당에 의해 중화인민공화국의 통치가 시작되면서 군사를 동원한 사회주의 정책이 실시되었다. 중국의 압력에 반대하여 1959년 티베트 전역에 걸쳐 민중봉기가 일어났다. 중국이 군사를 동원하여 진압하면서 수십만 명의 티베트인들이 희생을 당했다.

티베트 밖의 세상을 궁금해하는 달라이 라마에게 서양 문물을 소개하는 영화의 한 장면.

　군사 충돌이 발생하자 달라이 라마 14세는 인도로 탈출하여 망명정부를 세웠다. 그는 전 세계를 순회하면서 티베트의 문화 보존과 자치를 주장하는 비폭력 운동을 펼치고 있다.

　영화, 〈티베트에서의 7년〉(1997)은 달라이 라마와 최초의 외국인 친구였던 하인리히 하러와의 만남을 소재로 한 것이다. 오스트리아 산악인이었던 하인리히 하러가 티베트에서의 체험을 소개한 책이 원작이다. 서양인에게 처음으로 소개된 티베트의 모습은 동양의 종교와 신비함에 빠져들게 하여 베스트셀러가 되고 영화화되었다.

경제와 사상 혁명

(1951~1965)

토지개혁의 실시와 한국전쟁을 끝낸 중화인민공화국은 사유제 폐지라는 경
제 계획과 동시에 사상 교육의 필요성이 요구되고 있었다. 이를 반대하는 반
혁명 세력에 대항하기 위해 인민들에게 혁명의식을 고취시켰으며 중국을
산업화된 강대국으로 만들고자 했다.

:: 3반 운동과 5반 운동

중화인민공화국 설립 이후 곧바로 참전한 한국전쟁은 중국에게 군사
적 부담이 되었을 뿐만 아니라 경제적 타격도 적지 않았다. 서방국가들
과의 경제적 단절로 인해 소련과 동유럽 국가의 경제지원에 크게 의지해
야 했다. 따라서 경제적 궁핍으로 고통당하는 인민들의 불만이 터져 나
오기 전에 새로운 방법을 모색하지 않으면 안 되었다.

중국 정부는 불만을 토로하는 인민들을 공산당을 반대하는 반정부 세
력으로 규정했다. 그리고 이들을 억압하기 위한 대책을 전국적으로 실시
했다. 혁명을 부정하는 정치세력을 탄압하면서 사상, 학문, 문화, 교육
등 전반적 분야에서 사상통제를 실시했던 것이다.

경제적 측면에서는 생산력 증산과 절약 운동에 모든 인민이 열성적으
로 참여할 것을 대대적으로 선전했다. 이것은 오직(汚職)과 부정부패를

비판 기간 동안 주로 사업가, 기업인
들은 자신들의 경제적 불법행위를 고
백해야 했다.

고발하는 '3반 운동(三反運動)' '5반 운동(五反運動)'으로 확산되었다.

　1951년부터 시작된 3반 운동은 부패, 낭비, 관료주의에 빠진 관리들을
적발하는 것이며, 5반 운동은 일반 기업가들 중에서 뇌물, 탈세, 경제기
밀 누설, 부실공사, 국가재산 절도 등 증산과 절약을 방해하는 행위를 적
발하고 비판하는 것이다.

　노동자와 농민으로 구성된 공산당원들에 의해 부정부패를 쇄신하는
민중운동이었지만, 사법 절차가 충분히 갖추어지지 않는 상태에서 억압
적으로 이루어졌다. 고발된 자본가들은 자아비판을 해야 했다. 이들을
박해하고 추궁하는 과정이 과격해지면서 너무 억울해 자살하는 경우도
빈번히 발생했다. 결국 이 운동은 공산당 정권에 의해 개별 민간기업가
의 경제적 역할을 사라지게 했다.

:: 공업과 농업의 공산화

　민간자본가들이 사라진 다음 중국 공산당 정권은 공업, 농업의 국유

화를 결정하고 사회주의를 추진하는 제1차 5개년 계획(1953~1957)을 발표했다. 국영 중화학공업의 발전을 위한 프로젝트로서 철강을 비롯하여 금속, 석유개발, 기계, 화학을 위한 공장 및 발전소가 신설되거나 개조되었다. 또한 대규모 관개용 댐 건설을 위해 30여만 명의 주민을 동원하기도 했다. 여기에는 소련으로부터 전면적인 자금 원조가 약속되어 있었다.

또한 1954~1956년에 걸쳐 민간기업의 경영에 정부가 참여함으로써 상업의 국영화와 함께 집단화가 실시되었다. 이로써 500여 개의 민간기업이 공사로 전환되었으며 특히 은행을 비롯한 금융업은 전반적으로 국영화되었다.

농업에서는 전면적인 토지개혁에 이어 집단화가 실시되었다. 토지개혁으로 땅을 분배받은 자작농이 생산량을 늘리지 못하면서 포기하는 경우가 늘어났기 때문이다. 소규모 농가를 협동조합으로 조직하거나 대규모의 집단화를 통해 생산 증대를 꾀하려는 것이었다.

집단 생활 방식은 정부의 통제가 가능했다.

특히 마오쩌둥은 1954년 헌법 제정을 통해 대규모 농업협동조합을 전국적으로 확대할 것을 선언했다. 1954년 말에 이르러 20~30호 농가가 협동조합을 만들거나 합작사를 조직하여 농산물 생산에서 유통까지를 통제했다. 결국 집단 농장이 전 농가의 90% 정도에 이르렀다.

상업의 국영화와 집단농장의 조직으로 중국 사회는 새로운 사회주의 체제를 갖추게 된다. 즉, 사회주의에서 공산주의를 지향하게 된 것이다. 공산주의 사회의 기초 조직인 '단위'가 전국적으로 확산되었다. 처음에는 '식량 배급권' 제도를 위해 실시한 것이었다. 쌀, 밀가루, 설탕을 비롯하여 생활필수품 등을 효율적으로 분배하기 위한 제도로서 각각 단위로부터 이들을 지급받는 방식으로 통제한 것이다.

집단생활 방식에 의해 배급권을 받고, 주택, 상점, 병원, 우체국 등의 시설이 단위별로 설치되었다. 정치적 모임도 소속된 단위 안에서 열렸다. 결국 집단조직 체제는 정부가 인민의 생활과 사상까지도 통제할 수 있는 것이었다. 개인적으로 감시하거나 정치집회에 동원하기도 했다.

:: 백가쟁명

공산당은 경제활동의 확산을 통해 민중들의 지지를 받으려고 했으나 그보다 더 중요한 것은 사회주의 혁명 사상을 고취시키는 것이었다. 단위 조직을 통해 민중을 비롯하여 개별 지식인들에게 '사상개조'라는 정치사상 교육을 실시했다.

유교의 전통적 가치와 서구의 자유주의, 개인주의는 거부되었으며, 마르크스주의를 비롯한 공산당의 정치사상을 배우는 것은 모든 민중의 의무가 되었다. 집단교육과 자아비판을 통한 재교육이 정기적으로 이루어졌다.

이와 같은 사상운동은 일부 지식인들 사이에서 마르크스주의와 부르

반우파 투쟁은 공산당의 사상적 통제 행위였다.

주아 논쟁을 불러일으켰다. 문예이론과 사상비판이 정치문제로 확대되
면서 수많은 지식인들이 '반혁명 분자'로 체포되거나 투옥되었다. 신문과
출판 등 언론의 자유가 통제되는 등 문예계와 학술계는 대혼란을 겪게
된다.

마오쩌둥은 1956년 국내정책 전반에 대한 수정 작업을 지시하는데 그
가운데 사상개조 운동과 문예작품 비판으로 인한 부정적인 문제를 올바
르게 처리하자는 방침을 발표했다. 즉 인민들의 자유로운 의견과 토론을
허용한다는 것이었다.

이것은 1956년 5월 중국 공산당 중앙 선전부장 루딩이(陸定一)가 '백화
제방 백가쟁명(百花齊放 百家爭鳴)'이라는 제목으로 연설을 하면서 더욱 촉
진되었다. 즉 '온갖 꽃이 같이 피듯이 많은 사람들이 저마다 주장을 펼친
다.' 이 말의 뜻은 춘추전국시대의 제자백가들처럼 모든 인민들의 자유로
운 사상활동을 확대하며 공산당에 대한 비판도 적극적으로 받아들이겠다

는 의미였다.

많은 지식인들이 처음에는 신중한 태도로 발언을 했으나, 차츰 중국의 현실을 강하게 비판하기 시작하여 1957년에 이르면 혁명 이래 중국 공산당의 일당제와 경제 운영에 대한 근본적인 비판으로 이어졌다. 사회주의 체제의 억압과 창작행위에 대한 권력의 통제에 대한 불만이 한꺼번에 쏟아져 나왔다.

민주동맹이라는 10만 명 규모의 정치조직이 구성되어 공산당 체제를 부정하고 신문의 자유 및 양당정치 체제로의 변화를 주장했다. 예상을 훨씬 뛰어넘는 심각한 비판이 쏟아지자 당황한 공산당은 반대세력에 대한 전면적인 공격을 시작했다. 이른바 '반우파 투쟁'이었다. 1957년 6월부터 정계, 언론계, 지식계에서 공산당을 비판하는 사람들에게 '자본주의 우파'라는 딱지를 붙이고 숙청을 단행했다.

경제학자, 사회학자는 물론이고, 당 고위직, 예술인, 작가 등 무려 50여 만 명이 우파분자로 지목되어 농촌이나 재교육 수용소로 보내졌다. 결국 언론의 자유를 열어주었던 '백화제방 백가쟁명'은 반체제 인사들을 색출하는 방편이 되고 말았다. 너무나 탄압이 심했던 까닭에 지식인들은 '천둥은 거세게 쳤지만, 몇 방울의 비밖에 내리지 않았다.'며 마오쩌둥에 의해 의도적으로 계획된 것이라고 풍자하기도 했다.

반우파 투쟁 이후 중국 인민들은 마음속의 생각을 털어놓지 않고 당의 권력 앞에서는 어떤 자유도 양립할 수 없다는 것을 알게 되었다. 결국 전국의 수많은 지식인들을 억압하여 공산당의 진정한 발전에 제약이 되었다. 이후 이것을 만회하려는 마오쩌둥의 집권 의지에 의해 '대약진운동'이 전개된다.

:: 마오쩌둥의 대약진운동

토지개혁 이후 제2단계 농촌혁명이 실시되는데 1953년부터 시작된 집단화운동이다. 생산량을 높이고 대규모의 농업 전문화를 이룩하기 위한 것으로 토지, 농기구, 노동력을 합쳐서 집단적으로 농사를 짓는 것이다. 1958년 이 운동은 더욱 진화하여 대약진운동으로 전개되고 중국의 농촌에 전국적으로 인민공사가 조직된다.

1960년대 초까지 진행된 이 운동은 노동력 집중화를 통해 경제성장운동, 즉 곡물, 철강 등 모든 생산물을 더 많이, 더 빠르게, 더 경제적으로 생산해야 하는 것이었다. 수많은 군중을 대규모 농촌인민공사(農村人民公社)에 투입시켰다. '대약진'이라는 말은 저우언라이가 '공업 생산량이 25% 이상 증가하면 대약진'이라고 한 말에서 유래되었다. 마오쩌둥은 15년 내에 영국의 공업 생산력을 추월하기를 기대했다.

이 운동은 기계보다는 노동력에 의존하는 노동집약적인 산업화 방법으로 모든 마을에 소형 용광로를 개발하여 대량의 강철을 생산하려고 했다. 농민들뿐만 아니라 정부관리, 교수, 노동자 등 직업을 막론하고 누구나 프롤레타리아 계급이 되어 참여했다.

각 공사는 지방자치 단체처럼 행정적, 정치적 기능을 하고 공업 및 농업 자원을 활용하고 세금을 거두어 학교, 은행, 탁아소, 공동식당을 운영했다. 이제 인민들은 더 이상 각자의 집에서 밥을 먹지 않고 공동 식당에서 배불리 밥을 먹을 수 있었다. '허리띠를 풀고 배가 부르게 먹고 생산에

힘쓰자'라는 구호가 중국 전역에 울려퍼졌다.

1960년대 초에 이르면 전국에 걸쳐 공사는 7만여 개로 증설되어 운영되었다. 각 인민공사는 10~12개의 합작사로 편성되어 조별로 생산대대를 만들었다. 공사는 처음에는 2,000가구 정도로 이루어져 자급자족을 했다. 완전히 집단화되어 농업 생산을 담당했다. 나중에는 1만 가구의 합작사들이 나타나기도 했다.

인민 공사 뒤뜰에 설치된 수많은 토법고로(용광로).

소규모 사유제는 폐지되고 농민들은 생산대(生産隊)로 편제되었고, 공동취사를 실시하여 가사노동으로부터 여성을 해방시켜 생산 활동에 동원할 수 있게 했다. '능력에 따라 일하고, 필요에 따라 분배받는' 공산주의적 생산체제가 만들어진 것이다.

그러나 대약진의 과정에서 협동농장과 사회주의 집단농장에 배속된 농민들은 자신들이 자원의 배분이나 농작물을 선택할 때 아무런 주도권이 없음을 알게 되었다. 또한 지나친 생산량의 확대 요구는 품질 저하의 결과로 이어졌다.

소형 용광로에서 생산된 강철은 질이 낮아 아무런 쓸모가 없었으므로 대형 강철공장과 같은 기능을 할 수 없었다. 중국의 도시와 농촌에 설치된 용광로에서 철강을 만들어내기 위해 대지 전체가 뜨겁게 달아올랐다.

철강 제련에만 집중되는 동안 들판에서 익어가는 수확물은 그대로 썩어 갈 정도였다.

결국 대약진운동은 1960년 초 가뭄과 흉년이라는 냉혹한 자연재해가 겹치면서 2천만 명 이상의 기아자가 발생하는 등 경제가 악화됨에 따라 수정노선을 취하게 된다. 농민들에게 다시 사유재산과 소규모 생산수단을 소유할 수 있도록 하고, 공업과 농업에서의 비현실적인 과도한 생산목표는 하향 조정되었다. 결국 공사 조직은 폐지될 수밖에 없었다.

대약진운동의 실패는 당내의 분열을 초래했다. 반대 파벌은 대약진 실패의 원인을 정책추진 과정에서 지나치게 열광적이었던 당 간부들에게 돌리며 비난했다. 반면 당권파는 대약진의 실패는 오히려 중국의 경제발전을 위해 더 많은 전문기술과 계획성이 필요하다는 것을 보여주는 것이라고 주장했다. 마오쩌둥은 대약진운동의 실패를 인정하고 1962년 국가주석을 사임했다. 그러나 마오쩌둥은 1966년 초에 문화대혁명을 이끌면서 이때의 실패를 만회하고자 했다.

한편 대약진운동은 중국과 소련의 관계를 더욱 악화시키는 요인으로 작용했다. 그동안 중국과 소련의 공산당은 대외정책(인도, 타이완, 티베트)과 혁명에 대한 이념문제로 견해 차이를 보이고 있었다.

마오쩌둥은 표면상으로는 소련과 협력했으나 스탈린과 흐루시초프(Nikita Khrushchev 1894~1971: 스탈린 사후, 소련 중앙위원회 제1서기로 선출되었다.)의 마르크스-레닌주의와는 다른 노선으로 중국의 혁명을 이끌었다. 따라서 소련은 줄곧 마오쩌둥의 혁명 과정을 인정하려 하지 않았다.

중화인국공화국 설립 이후 소련을 모델로 한 경제정책을 지향하던 중국은 전환이 필요하다고 생각하기 시작했다. 스탈린식 계획에 문제를 제

기하고 중국의 경제정책을 재검토
하기 시작했던 것으로, 그것이 대
약진운동으로 실행되었다. 스탈린
사후에 등장한 흐루시초프는 중국
의 대약진운동을 비판하면서 1959
년 중국에서 일하던 소련의 기술자
들을 철수시키고 과거 동맹에서 약
속했던 과학과 기술의 협력도 중단
해 버렸다.

흐루시초프. 스탈린의 열렬한 지지자였으나, 스탈린
에 의한 권력 남용과 개인숭배를 비판했다. 이후 국
제 공산주의 운동에 심각한 혼란을 주었다.

　　마오쩌둥은 이와 같은 소련의 태
도에 반발하고 사회주의 독자노선을 천명했다. 인도와의 국경 분쟁이나,
티베트 폭동, 타이완 문제 등에서 소련은 평화 공존의 원칙을 내세우며
중국을 지지하지 않았다. 게다가 1960년대 흐루시초프의 미국 방문이 이
루어지면서 소련과 중국의 갈등은 차츰 표면화되기 시작했고, 그것은 중
국의 외교적 고립을 가져왔다.

　　마오쩌둥은 스탈린을 좋아하지는 않았으나 흐루시초프에 의해 스탈린
의 개인숭배가 비판을 받자, 자신에 대한 비판으로도 연결될 수 있었으
므로 흐루시초프를 비난하며 소련과의 관계에서 선을 긋기 시작했다.

그때 우리나라에서는 ‥‥‥‥
▶ 이승만 정부의 사사오입 개헌(1954)

문화대혁명

(1966~1976)

마오쩌둥의 의해 실시된 사회주의 교육운동이다. 공산당 내의 반대파를 제거하기 위한 것이었다. 그러나 홍위병이라는 젊은 청년들의 등장과 함께 마오쩌둥의 개인숭배는 절정에 달했으며, 인민의 적으로 규정된 수많은 사람들을 광기에 가까운 폭력으로 처단했다. 이 기간 동안 중국의 국내 정치는 대혼란에 빠져들었다.

:: 문화대혁명의 발단, '해서파관'

1960년 대약진운동과 인민공사의 결과는 공산주의 사회로의 진전에 장애가 되었다. 특히 식량 생산량의 감소와 공업 생산 지수의 하락은 경제 위기를 가져와 인민들 사이에 불만이 쌓여갔다. 결국 공산당 내 실용주의자들은 마오쩌둥의 정책을 비판하고 수정할 것을 제의했다.

1961년 류사오치(劉少奇)와 덩샤오핑(鄧小平 1904~1997)은 대약진의 전략인 집단체제를 완화하고 농민이 스스로 자신의 농지를 경영하게 했으며, 소규모 공장을 운영하여 자유시장에 물건을 내다 팔 수 있도록 하는 등 자본주의 정책 일부를 채택하는 실용주의 노선으로 민생경제를 회복하려고 했다(덩샤오핑의 '쥐를 잡기만 한다면 흰 고양이든, 검은 고양이든 중요치 않다.'는 유명한 말이 이때 나왔다).

당의 주석 자리에서 물러나 있던 마오쩌둥은 이러한 일련의 정책들에 의해 자본주의가 부활하여 신부르주아 계급이 형성될 것을 두려워했다. 그렇게 되면 당이 인민의 지지를 잃게 될지도 모른다는 경계심으로 차츰 반발하기 시작했다.

문화대혁명의 시발점은 '해서파관(海瑞罷官)' 사건이었다. 1959년 6월 베이징시 부시장인 우한은 〈인민일보〉에 '해서, 황제를 꾸짖다'라는 비유적인 수필을 발표한 후, 곧이어 〈해서파관〉이라는 극본을 써서 1961년 베이징에서 공연했다. 16세기 명나라의 관리인 해서가 관리들의 악행을 폭로하여 황제에게 상소를 올렸으나 오히려 황제의 노여움을 사게 되어 파면당했다는 고사를 소재로 한 역사극이었다.

첫 공연 당시에는 마오쩌둥도 '해서'의 자세를 배워야 한다고 했다. 그러나 1959년 마오쩌둥을 비판한 펑더화이(대약진 운동 기간 동안 간쑤성甘肅省과 자신의 고향인 후난성湖南省을 시찰한 후 인민공사의 폐해와 철강 생산량의 거짓 보고 등을 파악하고 대약진운동의 문제점 등을 지적했다.)가 축출되는 사건이 터지면서 〈해서파관〉은 새로운 쟁점이 되었다.

극에서 해서가 '폐하는 너무 독단적입니다. 지나친 편견을 가지고 자신만이 언제나 옳다고 생각하고 비판을 받아들이려 하지 않습니다. 온 나라 사람들이 폐하를 불만스럽게 여긴 지 오래입니다.'라고 말하는 것이 마오쩌둥을 비판하는 메시지로 전해지고, 관직에서 파면된 해서가 펑더화이를 연상시켰던 것이다.

이와 같은 비판이 베이징 시의 지식인들이 사이에서 전개되는 가운데, 1962년 마오쩌둥의 부인 장칭(江靑)은 〈해서파관〉에 마오쩌둥의 사회주의 노선을 반대하는 당내 세력들이 있다고 주장하며 그러한 세력들을 공

반혁명분자로 몰려 인민재판에 끌려나온 지식인들.

격하기 시작했다.

공산당의 문화선전 부문을 담당하고 있던 장칭은 중국 전통극인 경극 집단의 개혁을 주장했다(1930년대 상하이에서 경극 배우로 활동했던 그녀의 재능을 인정하지 않은 것에 대한 보복이었다고도 한다). 처음에는 일부 문학작품이나 평론을 반 사회주의적이라고 비판했지만 그것은 차츰 공산당 고위층 지도자들 사이의 치열한 권력투쟁으로 심화되었다. 이후 장칭에 의해 경극은 혁명을 주제로 하는 새로운 형식의 현대극으로 대체되었다(중국의 유명한 영화감독, 첸카이거의 1993년 '패왕별희'는 전통의 경극 배우들이 문화대혁명 시기에 겪게 되는 인생 역정을 소재로 한 영화이다).

마오쩌둥은 사회주의 교육운동의 필요성을 줄곧 주장하며 공산당 간부와 지식인들을 농촌으로 내려보내 인민들을 사회주의로 개조시켜야 한다고 요구했다. 그러나 사회주의 교육운동에 대해 당내의 우파들이 호응을 하지 않았다.

결국 마오쩌둥은 자신이 후계자로 삼은 류사오치를 비롯한 당내 우파들에 의해 자신의 혁명 과업인 사회주의가 '반혁명 수정주의'로 진행된다고 판단했다. 1965년 1월 제1차 당회의에서 류사오치를 '자본주의의 길을 가는 수정주의자'라고 비난하고 자격을 박탈함으로써, 마오쩌둥의 권력투쟁이 시작되었다.

마오쩌둥은 인민해방군의 부대에 20여 만 명의 정치위원을 두어 혁명이념을 선전하도록 했다. 젊은이들에게 혁명 영웅의 모범을 배우라고 격려하고 군중들을 동원했던 것이다. 낡은 풍속, 낡은 습관, 낡은 문화, 낡은 사상을 배척하고 마오쩌둥의 계급투쟁 이론을 비판하는 사람들은 반동분자라 낙인 찍고 대대적인 숙청을 감행했다.

1966년 마오쩌둥을 지지하는 당내 좌파와 류사오치, 덩샤오핑이 이끄는 우파 사이에 권력투쟁이 전개되면서 문화대혁명이 전 중국을 휩쓸기 시작했다.

마오쩌둥은 린뱌오의 군대에 의존해 1966년 7월 베이징을 장악했다. 린뱌오는 인민해방군을 이끌면서 유일하게 마오쩌둥의 사회주의 교육운동을 수용한 사람이었다. 인민해방군을 전문화된 군대로 변화시키고, 펑더화이를 따랐던 간부들은 제거해 버렸다.

이후 린뱌오는 마오쩌둥을 지지하는 당내 제2인자의 위치에 오르게 된다. 이들은 중앙위원회를 개최하고 당내 집권파들을 '주자파(走資派: 자본주의의 길을 걷는 실권파)'라 비판하며 타도할 것을 선언했다. 또한 홍위병을 조직하여 사회주의 혁명을 확대할 것을 결정했다.

:: 홍위병의 탄생

홍위병(紅衛兵)이란 문화대혁명을 지지하는 젊은 청년 집단이다. 이들은 스스로를 마오쩌둥 혁명의 계승자라 생각하는 광적인 청년들이었다. 마오쩌둥은 이들에게 자신이 직접 쓴 〈사령부를 포격하라〉는 대자보를 통해 투쟁할 것을 선전했다. 류사오치, 덩샤오핑을 주류로 하는 공산당 내 다수파들을 '주자파'라 비판하며 부르주아적 요소를 소멸시키는 데 앞장설 것을 요구했다.

홍위병들은 대대적인 집회를 열고 문화혁명에 반대하는 당의 간부와 지식인들을 공개석상으로 끌어내 박해와 폭행을 가했다. 〈마오쩌둥의 어록〉(린뱌오에 의해 만들어진 것으로, 마오쩌둥의 발언을 모아 놓은 소책자. 마오쩌둥을 신격화했다.)을 손에 들고 붉은 완장을 차고 몰려다니며 자산가들을 체포하여 개인자산을 몰수하기도 하고, 현대적 취향을 가진 사람들을 부르주아로 공격했다. 외국인들에게도 함부로 대했다.

홍위병의 열기는 1966년 여름 100만 명이 문혁 지지를 외치며 베이징의 톈안먼(天安門) 광장에서 대규모 집회를 열었을 때 최고조에 이르게 되었다. 광장에 나타난 마오쩌둥은 붉은 완장을 차고 홍위병의 환호에 호응함으로써 마오쩌둥에 대한 개인숭배 사상도 절정에 달하게 된다. 마오쩌둥은 자신의 권위를 당보다 위에 올려놓으려고 했다. 마오쩌둥의 초상화와 동상이 곳곳에 등장하게 되었다.

베이징에서 활동하던 수천만 명의 홍위병들은 지방으로 내려가 1967

마오쩌둥의 어록을 들고 환호하는 홍위병을 사열하는 마오쩌둥.

년에 이르러서는 전국의 촌락과 도시를 장악했다. 마오쩌둥은 이것을 과거의 대장정과 같은 혁명 활동으로 생각했다.

홍위병들은 인민해방군 부대의 지원으로 지방으로 자유롭게 이동하고 활동할 수 있었다. 그러나 이로 인한 무력충돌은 거의 폭동 수준이었다. 수만 명이 넘게 사망하거나 부상을 당했으며 문화재들이 파괴되는 등 홍위병들의 행동은 시간이 흐를수록 더욱 격렬해져 중국은 완전히 혼란 상태에 빠져들게 되었다.

결국 기존의 공산당 조직과 문혁파의 투쟁에서 시달리던 노동자와 농민, 정부 관료들이 불만을 분출하며 홍위병들에게 대항하기 시작했다. 1967년 7월 20일 우한 폭동을 시작으로 1968년에 걸쳐 문화대혁명에 반발하는 움직임이 전국으로 확대되었다.

1967년 마오쩌둥은 '문화대혁명은 문화투쟁이지, 무력투쟁이 아니다. 인민들은 내전을 바라지 않는다. 군 시설을 파괴하고 사람을 죽이고 건

극단적인 홍위병들의 광기는 중국 전역을 무질서와 폭력으로 내몰았다.

물을 방화하는 행위는 범죄 행위다'라고 선포하고 홍위병의 해산을 명령했다.

마오쩌둥은 홍위병으로 인한 국내의 혼란을 더 이상 방치할 수 없다는 판단 아래 1968년 인민해방군을 투입하여 중국의 혼란을 정비했다. 또한 혁명위원회를 설치하여 질서를 회복하고 교육혁명을 실시하려 했다.

그러나 혁명위원회는 인민해방군의 주도와 통제를 받았기 때문에 결국 기존의 당과, 행정조직, 학교, 농촌 등을 군의 지휘 체계 안에서 통제하게 된 것이다. 전국에 걸쳐 모든 통치가 군의 지휘로 움직이게 되었다.

:: 하방(下放)

하방이란 중화인민공화국 설립 후 공상당 간부 및 정부 관료, 지식인들이 특권적 관료주의에 빠지지 않도록 하기 위해 농촌이나 공장에서 노동에 참가하도록 하는 정책이었다.

문화대혁명 때 홍위병에 참가했던 젊은이들은 문혁이 중단된 상태에서 실업자가 되거나 자신의 진로에 대해 아무 것도 할 수 없는 상태였다. 마오쩌둥은 이들을 활용하기 위해 상산하향(上山下鄕) 운동을 실시했다. 도시의 청년 학생들을 농촌이나 산촌, 지방의 공장에 보내 일하도록 하는 것이다.

마오쩌둥은 문화대혁명의 여파로 실업률이 급증하고 경제가 혼란에 빠지자, 이들에게 농촌에 내려가서 농민에게 배우고, 농민들은 이들을 기꺼이 받아들이라고 호소했다.

하방된 사람들의 급여는 정부에서 부담했으나, 도시보다 적게 줄 수 있으므로 적은 비용으로 실업률을 조정할 수 있었다. 이때부터 도시의 지식 청년들이 농촌으로 떠나는 행렬이 줄을 이었다. 1968~1978년까지 약 1,600여만 명이 동원되었다.

고달픈 농촌 생활은 도시 청년들이 적응하기에는 너무 열악하여 포기하는 경우도 많았다. 그러나 지식 청년 중에는 하방에서의 생활에서 인생의 깊은 철학을 얻게 되어 훗날 정치, 문화예술 분야에서 눈부신 활약을 한 인물들이 있다. 지금의 중국을 이끌고 있는 시진핑(習近平 1953~)도 그 중 한 사람이다.

시진핑은 어린 시절 베이징에서 공산당 최고 간부 자식들을 위한 유치원, 중학교를 다녔다. 아버지 시중쉰(習仲勳 1913~2002)이 중국 공산당 혁명 원로였기 때문이다. 시중쉰은 13살 때부터 농민운동을 하여 14살에 공산당원이 되었다. 산베이(陝北: 陝西와 湖北) 소비에트를 구축한 공로를 인정받아 마오쩌둥에 의해 베이징에 입성하여 활동했다. 1952년 중앙선전부장으로 문화예술계를 맡았다.

따라서 시진핑은 베이징에서 태어났으며 6살 때는 아버지가 부총리였다. 이름의 핑(平)은 베이징의 옛 이름 베이핑(北平)에서 태어났다는 의미였다고 한다. 그러나 1962년 시중쉰은 '류즈단' 사건(시중쉰과 류즈단은 산베이 소비에트를 개척한 혁명전사였다. 그러나 류즈단이 국민당과 결탁했다는 모함을 받았었다. 당시에는 마오쩌둥의 도움으로 목숨을 구했으나, 전투에서 33세의 나이로 사망했다. 그로부터 수년이 지난 후에 시중쉰은 류즈단과 동지였다는 이유로 반동분자로 내몰렸다. 덩샤오핑에 의해 복권되었다.)으로 모함을 받아 지방 뤄양(洛陽)으로 좌천되었다. 중국 전체가 문화대혁명의 소용돌이에 빠져들 때 홍위병에 의해 비판과 모욕을 받기도 했다.

1968년 마오쩌둥의 상산하향 운동의 지시가 내려졌을 때 시진핑은 15살이었다. 그는 자발적으로 생산대에 입대하여 량자허(梁家河)로 내려가 동굴 같은 거처에서 원시인 같은 생활을 했다.

시진핑(왼쪽)과 동생, 아버지 시중쉰. 시중쉰과 류즈단의 산베이 소비에트는 국민당의 추격으로 절대절명의 위기에 빠져 있던 마오쩌둥의 홍군에게 옌안의 근거지를 마련해 주었다는 평가를 받는다.

시진핑도 처음에는 적응하지 못하고 베이징으로 도망쳤지만 이모와 이모부의 설득으로 다시 내려가게 되었다. 이때부터 7년 동안 시진핑은 자신을 단련시켰다. 가장 힘들었던 것은 벼룩, 음식, 노동 그리고 사고방식의 전환이었다. 그러나 이 모든 것을 이겨내고 나중에는 자신의 거처가 마을의 중심지가 되었으며, 1974년 1월 공산당에 입당하여(21세) 3만 명의 지식 청년이 있는 옌안 생산대의 대표가 되었다.

시진핑은 당시를 회상하며 이렇게 말했다고 한다.

"그 당시의 나는 정말 수많은 어려움에 시달렸다. 상산하향 운동으로 하방되었을 때 쫓겨간 그곳 산골마을에서 누구보다도 내가 필요하다고 말하는 마을 사람들 덕분에 나의 존재 가치를 확인할 수 있었다. 농촌으로 내려간 것이 얼마나 다행한 일이었는지 모른다."

그 외에도 중국을 대표하는 영화감독, 첸카이거(陳凱歌 1952~)도 있다. 그는 아버지를 인민재판에 고발해야 했던 문화대혁명 시대의 기억을 비롯하여 하방되어 윈난성(雲南省)에서 2년 동안 벌목을 하는 등 험난한 노동을 했던 치열한 시간들을 책으로 출판하기도 했다. 현대 중국의 모순과 혼돈을 영화로 묘사해 내는 아주 뛰어난 감독이라는 평가를 받고 있다. 그러나 그 시간을 이겨낸 홍위병의 수는 그리 많지 않았다. 현실적으로는 너무나 고달픈 육체적 고통을 이겨내지 못하고 혁명의 꿈을 잃어버린 채 스러져 간 사람들은 수를 셀 수 없을 정도로 많았던 것이다.

그때 우리나라에서는 ....

▶ 4 · 19 혁명(1960)

▶ 5 · 16 군사정변과 박정희 정부의 수립(1961~1963)

문화대혁명을 소재로 한 영화 〈5일의 마중〉

중국 영화 중에는 '문화대혁명'을 소재로 한 것이 상당히 많다. 그만큼 이 사건은 중국 인민들에게 결코 잊을 수 없는 충격으로 남아 있기 때문일 것이다. 어느 역사나 마찬가지겠지만 정치 세력들은 나름의 이유로 국가 발전을 위해 어쩔 수 없는 과정이었다고 변명한다. 그러나 정치적 변혁기에 눈물과 고통의 시간을 겪어내야 하는 것은 언제나 일반 대중들이었다.

영화 〈5일의 마중〉은 장이머우(張藝謀) 감독과 우리에게도 익숙한 중국의 여배우 공리가 출연하여(2014년 작) 공산당 대혁명의 시기를 겪으면서, 한 가족의 시간이 어떻게 소멸되었는지를 보여준다.

주인공 공리(평완위 역)의 남편은 정치적 신념 때문에 강제수용소에 수용되었다가, 문화대혁명이 끝난 후 집으로 돌아온다. 하지만 아내는 남편을 알아보지 못할 뿐만 아니라, 경계를 하며 접근조차 하지 못하게 한다.

남편은 아내의 기억을 되살리기 위해 온갖 노력을 다하지만 아내는 남편이 돌아오기로 약속한 날이 돌아오면 언제나 남편의 이름을 쓴 팻말을 들고 기차역으로 나간다. 남편은 혹시나 하는 마음에 그녀가 기억해낼 것 같은 자신의 옛 모습으로 가다듬고, 기차에서 금방 내린 것처럼 아내 앞에 서 보지만 역시 알아보지 못한다.

나이가 들어가면서 아내는 모든 기억들을 잃어버리게 되고, 오직 기차역으로 마중 나가야 하는 날(5일)만 기억한다. 머리가 하얗게 백발이 될 때까지 그녀는 기차역으로 마중을 나가고, 그 곁에는 그녀가 알아보지 못하는 남편도 같이 늙어가며 함께 서 있다.

공산주의 운동은 계급간의 평등을 이상으로 삼았다. 그러나 혁명의 목표가 과도하게 왜곡되면서, 가족 관계까지도 파괴하여 평범한 민중의 삶을 피폐하게 만드는 치명적 오류를 범했다. 영화 〈5일의 마중〉에는 두 부부의 삶만이 파괴된 것이 아니고, 부모와 자식의 관계도 극한으로 내몰리는 과정이 묘사되어 있다.

공리의 딸은 극단에서 무용수로 활동한다. 뛰어난 재능을 보여 극의 주인공이 될 수 있는 능력을 인정받고 있었다. 바로 마오쩌둥의 아내, 장칭에 의해 경극이 혁명을 주제로 하는 새로운 형식의 현대극으로 대체하고 있는 극단이었다.

딸은 혁명극의 주인공이 될 수 있다는 꿈과 희망에 부풀어 있었다. 그러나 아버지가 우파적 성향으로 쫓기는 상태로 행방을 감추자, 당에서는 매일 그녀의 집을 감시한다. 아버지가 집으로 돌아왔을 때 신고하지 않으면 극의 주인공이 될 수 없다는 압박을 받게 된 딸은 결국, 아버지와 함께 도피하려고 한 어머니까지 신고해 버린다. 결국 아버지는 수용소로 끌려가고 자신도 무용을 포기하게 된다.

중국 인민들은 공산주의 혁명은 평등한 세상을 만들어 줄 것이라고 믿었다. 그러나 영화에서처럼 문화대혁명 기간 동안, 계급투쟁이라는 이름으로 수많은 사람들을 인민의 적으로 만들어, 스스로 목숨을 잃게 하는 등 인간에 대한 예의는 찾아볼 수 없는 혼돈 속으로 빠져들게 했다.

중국과 미국의 수교

(1969~1971)

1960년대 소련과 심각한 대립상태를 겪으며 대내외적으로 어려움을 당하고 있던 중국은 동서 냉전체제를 끝내고 싶어 했던 미국에게 손을 내밀었다. 닉슨 독트린으로 세계는 이데올로기의 시대를 끝내게 되었으며, 중국은 유엔 가입과 동시에 세계를 향해 문을 열게 되는 계기를 맞았다.

:: 린뱌오의 몰락

문화대혁명 기간에 류사오치, 덩샤오핑을 포함한 우파 지도자들은 권좌에서 쫓겨났다. 그 자리를 대신하여 떠오른 인물은 린뱌오이다. 그는 문혁 기간 동안 〈마오쩌둥 어록〉을 만들어낸 인물로 마오쩌둥의 혁명론을 계승한다고 천명함으로써 공산당 내 제2인자로 떠올랐다.

당 주석 마오쩌둥, 부주석 린뱌오 체제로 중국은 잠시 문화대혁명의 혼란을 수습하고 있었다.

그러나 1969년 3월 중국과 소련의 국경 지역에서 양국 간의 무력충돌이 일어나면서 중국과 미소 관계에 미묘한 변화가 시작되었다. 중국과 소련은 문화대혁명 시작 이전부터 갈등이 표면화되고 있었다. 중소 대립은 1950년대 후반부터이지만 1960년 마오쩌둥의 등장으로 사회주의 이데올로기 논쟁이 격화되었다.

소련은 1964년 흐루시초프가 실각하고 브레즈네프(Brezhev 1906~1982 :18년 동안 소련을 통치했다. 동서 긴장 완화에 힘썼다.)가 등장하면서 마오쩌둥의 사회주의 혁명을 급진적이라고 공격했다. 그것은 1969년 양국의 국경 분쟁으로 더욱 심화되었다. 그러나 소련이 체코의 혁명, 소위 '프라하의 봄'을 군대를 동원하여 간섭하자 소련의 위협을 현실적으로 느낀 중국은 소련을 '사회주의 제국주의'라 비난했다. 사회주의 실현을 위해 함께 나아가던 중국과 소련은 이제 서로를 위협하는 대상이 되었다.

중국은 소련이라는 초강대국을 대처할 새로운 협상국을 모색해야 했다. 당시 세계는 소련과 미국이라는 두 강대국이 경쟁하는 냉전체제였다. 1969년 미국의 닉슨 대통령(Richard Nixon 1913~1994: 미국 제37대 대통령)이 '닉슨독트린'을 발표했다. 전 세계를 분열시키고 있는 이데올로기의 냉전 체제를 해체하고 평화공존 체제를 형성하자는 선언이었다.

중국으로서는 변화를 모색할 수 있는 중대한 기회가 제공된 것이다. 마오쩌둥은 사회주의의 반대편에 있는 자본주의 국가인 미국으로 눈길을

닉슨과 마오쩌둥의 만남이 있기까지는 키신저(왼쪽)와 저우언라이(중앙)의 물밑 외교전략이 있었다.

돌렸다. 마오쩌둥과 저우언라이(周恩來)는 소련을 비롯한 서방국가와의 대결 구도는 중국의 발전에 도움이 되지 않는다고 생각했다.

1970년 마오쩌둥은 오랜 친구인 에드거 스노를 베이징에 초대했다. 에드거 스노는 마오쩌둥과 중국 공산당을 서방 세계에 최초로 전한 미국의 신문기자이며 작가이다. 즉 중화인민공화국 설립 이후 '철의 장벽'이었던 중국을 미국인이 공식적으로는 최초로 방문하게 된 것이다.

이후 중국은 닉슨 대통령에게 중국을 방문해 줄 것을 요청했다. 당시 미국은 베트남전쟁으로 곤욕을 치르고 있었다. 무리한 군사적 도발로 인해 전쟁은 끝나지 않고 인명 피해와 해외 군사비 지출로 재정 적자만 늘고 있었으며, 미국 내에는 베트남전쟁을 반대하는 격렬한 시위가 계속되고 있었다.

미국은 하루빨리 베트남전쟁을 종결시키고 냉전체제를 해소하고 싶었다. 닉슨 독트린은 그러한 냉전체제에서 벗어나기를 원했던 미국의 해법이었다.

1971년 중국과 미국은 미국의 탁구 대표팀이 베이징에 초청되어 중국 선수들과 친선경기를 가지는 이른바 '핑퐁 외교'를 전 세계에 홍보했다. 이어 7월에는 미국의 국무장관 키신저(Henry Kissinger 1923~ :미소 냉전시대에 거대한 변화를 만들어낸 인물로 유명하다.)가 중국을 방문하여 저우언라이와 비밀 회담을 진행함으로써 미국과 중국의 수교는 진전되고 있었다.

중국과 미국의 화해 분위기가 무르익고 있을 때 1971년 9월 당 내에서 마오쩌둥 다음 서열인 린뱌오가 몽골 지역에서 비행기 사고로 사망했다. 린뱌오는 서구와의 수교보다는 소련과의 관계 개선을 주장했던 것으로 보인다.

마오쩌둥의 어록을 손에 들고 있는 저우언라이(좌) 린뱌오(우). 린뱌오는 문화대혁명을 기획하고 실행하는 데 앞장
서 마오쩌둥의 후계자로 떠올랐으나 오히려 그것이 화근이 되어 마오쩌둥의 경계 대상이 되었다.

따라서 린뱌오와 그를 추종하던 세력들이 마오쩌둥을 암살하고 쿠데
타를 일으키려 했으나 실패했으며, 소련으로 망명하려다 암살된 것이라
는 추측만 남았을 뿐 그의 사망 원인은 지금까지도 분명하지 않다.

:: 중화인민공화국 유엔 가입

중국과 미국의 국교 수립은 1971년 제26차 유엔 총회에서 중화인민공
화국의 유엔 가입이 허용되면서 급진전을 보게 되었다. 동시에 중국은
안전보장 이사회 상임이사국이 되었다.

미국의 국무장관 키신저의 베이징 방문을 시작으로 마침내 1972년 닉
슨이 중국을 방문해 마오쩌둥과 회담을 가졌다. 두 나라 정상의 만남이

1972년 닉슨과 마오쩌둥의 만남은 미국 전역에 TV로 중계되었다. 두 정상의 공식적인 만남은 중화인민공화국 개방의 시작이었다.

전 세계에 보도되면서 세계는 다시 역사의 한 페이지를 장식했다. 이것은 동아시아 관계를 비롯하여 20세기 냉전체제를 지속했던 세계의 질서에 근본적인 변화를 의미하는 상징적인 사건이었기 때문이다.

두 나라 정상은 타이완과 베트남 문제를 비롯하여 여러 문제들에 대해 논의한 다음 상하이에서 '중미 공동성명'을 발표했다. 이 공동성명은 '중화인민공화국'을 중국의 유일한 합법적인 국가로 인정하며 타이완은 중국의 일부분으로 1개의 성이라고 선언하는 것이다. 또한 베트남에서 미군이 철수할 것이라는 의사 표현을 함으로써 이데올로기로 인한 국가들 간의 냉전체제를 종식시키겠다는 의지를 표명한 것이다.

이로써 두 나라는 자유와 평화를 위해 투쟁하는 제3세계의 국가들의 자국 내 문제에는 관여하지 않겠다는 것을 선언했다. 따라서 베트남은 해방되어야 하며, 타이완 문제는 중국 국내 문제로 미국과 소련에 의해 위협받을 수 없음을 약속받은 것이었다.

:: 중일 공동성명

이제 중화인민공화국은 세계 각국과 연이어 국교를 맺게 되었다. 1972년 9월에는 일본과 국교를 맺어 '중일 공동성명'을 발표했다. 일본과의 국교 정상화 역시 미국과 중국 관계 회복에 더욱 탄력을 주었다.

일본은 극비리에 진행된 닉슨의 중국 방문에 깜짝 놀랐다. 그러나 일본 내부에는 중국과의 국교 회복을 바라는 사람들이 늘고 있었다. 특히 경제계에서는 중국 시장에 대한 새로운 정책을 모색하고 있었다. 그것은 중국 내 움직임과 무관하지 않았다. 당시 중국은 문화대혁명의 혼란을 수습하고 있었으며 경제적 재건이 무엇보다 시급했다. 따라서 미국과 우호 관계인 일본의 자금력과 기술력이 절실했던 것이다.

중국의 유엔 가입은 일본과 중국의 국교 정상화를 가속화시켰다. 1972년 7월 다나카(다나카 가쿠에이 1918~1993) 내각이 중국을 방문하여 저우언라이와 면담을 시도하고 마침내 '중일 공동성명'이 발표되기 이르렀다.

그러나 일본과 중국의 국교 수교 배후에는 몇 가지 문제점이 남아 있었다. 즉 일본과 타이완이 국교를 단절함으로써 일본 역시 중화인민공화국을 중국의 유일한 합법정부임을 승인한 것이다.

또 한 가지는 두 나라 사이에는 현재도 진행중인 센카쿠(尖閣) 열도 영유권 분쟁이다. 센카쿠 즉, 중국 지명으로는 댜오위다오 열도는 제2차 세계대전 중에 미국의 통치하에 있던 오키나와(沖繩 미국의 공군 기지)에 속했다. 그러나 1972년 오키나와를 일본에 반환하면서 이 지역도 자연스럽게 일본 통치권으로 들어갔다. 그러나 1968년 센카쿠 열도 주변에 천연가스와 석유자원이 존재할 가능성이 있다고 제기되면서 타이완과 중국이 영유권을 주장하며 분쟁 지역이 되었다. 중일 성명이 발표될 때 보류했던 이 문제는 21세기 현재 중국과 일본의 외교문제로 부상되고 있다.

이러한 과정을 거쳐 대화의 문을 열게 된 중국의 외교전략은 마오쩌둥보다 저우언라이의 실리외교가 빛을 발했기 때문으로 평가된다. 즉 공산당 내 뿌리 깊게 내려오던 친소 사회주의 이념이 린뱌오의 사망으로 몰락의 길을 걸었으며, 이후 중국은 전 세계를 향해 새로운 도약을 시작할 수 있게 되었다.

한편 미국의 보호를 받으며 국제연합에서 중국을 대표했던 타이완은 닉슨의 베이징 방문 이후 결국 유엔에서 배제되었다. 타이완은 동아시아에서 고립되었다. 우리나라를 비롯하여 일본, 그외 여러 국가들이 중화인민공화국을 인정하면서 타이완과의 외교 단절을 감행했기 때문이다. 타이완의 입장에서는 역사의 물줄기가 순식간에 바뀌어 버린 것이다.

우리나라는 중화인민공화국이 설립된 이후, 북한을 비롯하여 중국에는 어떤 형태로든 들어갈 수 없었으며 오로지 타이완만이 여행이 허락되던 시절이 있었다. 그러나 중국과 미국의 수교 이후 중화인민공화국으로의 여행이나 사업이 가능해졌다. 그러나 현재 타이완은 우리는 물론이고, 세계 여러 나라들과 다시 국교가 정상화되었다.

그때 우리나라에서는·········
▶ 박정희 대통령의 10월 유신 선언(1972)

188

저우언라이(周恩來 1898~1976)

중국 혁명 제1세대 중 한사람이다. 장쑤성(江蘇省)의 유복한 집안(조상들은 저장성浙江省 사오싱紹興)에서 태어났다. 일본과 프랑스에서 유학했고, 프랑스에서 유학 시절 중국공산당 유럽 지부의 창립에 가담했다. 이후 중국으로 돌아와 공산주의자의 길을 걷게 된다. 광저우 혁명에서 주도적 역할을 했으며 1936년 대장정에 참가하면서 마오쩌둥의 제2인자가 되었다. 특히 시안사건 때는 장제스와 협상을 통해 국공합작을 이루는 등 외교적 능력을 발휘했다.

1949년 마오쩌둥에 의해 중화인민공화국이 수립된 이후 총리가 되었으며 행정과 외교에서 뛰어난 능력을 보여 미중 수교에서 결정적인 역할을 수행했다. 관념적이고 급진적인 정책 대신 온건한 혁명을 지지하여 문화혁명 때 무자비한 숙청을 막아내기 위해 많은 노력을 했으나, 마오쩌둥에 대한 충성을 의심받아 1943년 마오쩌둥 앞에서 '자아비판'을 해야 했다.

그러나 마오쩌둥에게 철저하게 복종하면서 마오쩌둥의 권위를 개인숭배 수

준으로 이르게 하는 데 역할을 했다는 비판을 받기도 한다. 한 번도 권력의 일인자를 탐한 적이 없어서 중국인들에게는 '영원한 총리'라는 이름으로 기억되고 있다. 말년에 마오쩌둥의 경계와 4인방의 공격을 받다가 마오쩌둥이 사망하기 8개월 전에 세상을 떠났다.

마오쩌둥과 저우언라이.

덩샤오핑의 개방, 실용주의 시대

(1979)

마오쩌둥과 저우언라이가 사망한 1976년, 중국은 좌파와 우파 간의 격렬한 권력투쟁이 진행되었다. 그러나 좌파 지도자 4인방(四人帮)이 체포되었으며, 숙청과 복권이 거듭되던 덩샤오핑이 다시 정치 전면에 나서면서 새로운 시대가 열렸다. 문화대혁명의 종언이 선언되고, 혁명 이념인 급진적인 집단주의와 계급투쟁 대신 산업, 농업, 과학기술, 국방 4개 부문에 걸친 현대화 계획이 추진되었다.

:: 저우언라이의 개혁 정책을 계승한 덩샤오핑의 부활

1970년대 들어 미국과 소련 사이에 데탕트(detente 동서 냉전 완화)가 진행되어 1973년 핵전쟁방지협정에 조인하는 등 미소관계가 변화하자, 1973년 마오쩌둥은 저우언라이의 외교정책을 비난한다. 영향력이 커져가는 저우언라이를 견제하겠다는 생각도 있었지만 미국과 소련의 결탁이 내심 반갑지 않았기 때문이다.

마오쩌둥은 1973년 3월 저우언라이의 병세를 핑계로 그동안 중앙당에서 소외되어 있던 덩샤오핑을 베이징으로 귀환시켜 부총리로 복귀시켰다. 덩샤오핑은 1968년 문화대혁명 때 실용주의 노선을 걸었던 류사오치와 함께 실각했었다. 자아비판을 했지만 당적이 박탈되지는 않은 상태로 1969년 10월부터 장시성(江西省)에서 유폐생활을 하고 있었다. 그러나

190

마오쩌둥은 예전 공산당 장정 기간 동안의 덩샤오핑의 공적을 인정하여 1973년 다시 복권시켜 국무원 부총리에 임명했다.

반면에 중미 관계의 공로자인 저우언라이는 4인방의 공격을 받기 시작했다. 4인방이란 마오쩌둥의 부인, 장칭(江靑)을 비롯하여 장춘차오(張春橋), 야오원위안(姚文元 요문원), 왕훙원(王洪文)을 말한다.

이들은 1973년 중국 공산당 제10차 전당대회에서 본격적으로 당권 장악에 나섰다. 주로 젊은 신진 그룹이었으며, 반대편에 덩샤오핑과 다시 당으로 복귀한 늙은 간부들이 있었는데 여기에 중앙정치국원으로 선출된 화궈펑(華國鋒 화국봉)도 있었다.

4인방 세력은 1974년 초부터 비림비공(批林批孔) 운동을 전개했다. 린뱌오와 공자의 이름자를 딴 것으로 린뱌오, 공자(孔子)와 같은 전통적 유교 보수주의를 비판한다는 내용이다. 이것은 동시에 급진적인 이데올로기를 비판하는 것이었지만, 사실은 저우언라이를 비롯하여 문혁기에 비판받았던 당 간부들이 다시 복귀해 문화혁명 이전으로 돌아가게 되는 것을 견제하는 것이었다.

4인방은 '공자를 비판하는 것은 린뱌오를 비판하는 것이다'라는 여론을 조성했으나, 공자로 상징되는 과거 유가 세력이란, 옛 관습과 질서를 회복시켜 개혁을 방해하고 있는 저우언라이를 비롯한 당의 원로들을 가리켰다.

이로써 중국은 다시 군부와 당내에 정치공작이 확산되었다. 정치운동으로 혼란이 심각해지면서 경제활동 및 사회정세는 극도로 불안해졌다. 마오쩌둥은 장칭 세력을 4인방으로 지칭하고 그들의 행동을 경고했다. 그리고 공업생산의 저조에 대한 책임을 4인방에게 돌렸다.

중화인민공화국의 개혁개방의 선두주자 덩샤오핑과 저우언라이.

　1974년 저우언라이가 암으로 실제 집무가 불가능하자, 1975년 덩샤오핑을 당 부주석으로 선임하고 경제 안정과 사회 안정을 주도하게 했다.

　1975년 1월 제4차 전국인민대표대회에서 저우언라이는 병고를 무릅쓰고 참석하여 20세기에는 농업, 공업, 국방 및 과학기술 등 4개 분야의 현대화를 달성해야 한다고 주장했다. 이 회의에서 정식으로 당 부주석, 제1부총리, 인민해방군 총참모총장이 된 덩샤오핑은 마침내 저우언라이의 실용주의 정책을 기조로 중국을 개혁개방의 길로 이끌게 된다. 이로써 중국은 새로운 세기로 한 걸음을 내딛게 되었다.

:: 4인방의 몰락

　4인방은 노쇠한 마오쩌둥을 대신하여 당권을 장악하려고 했다. 이들은 덩샤오핑이 추진하는 사업인 네 가지 현대화를 '자본주의화'라고 비판하면서 덩샤오핑을 주자파(走資派)라고 비난했다.

1975년부터 건강이 좋지 않아 외부와의 접촉이 통제된 마오쩌둥에게 4인방은 덩샤오핑이 문화대혁명의 성과를 무시하고 류사오치의 노선을 비판하지 않는다고 보고하자, 마오쩌둥은 덩샤오핑에 의해 진행되는 모든 계획들을 돌연 취소시켰다. 그러나 이때 저우언라이가 갑자기 사망하게 되었다(1976).

저우언라이를 추모하는 사람들이 톈안먼 광장(제1차 톈안먼 사건)에 모여들었으며 100만 명의 인파가 그의 영구차가 지나가는 것을 지켜보았다. 그후 톈안먼 광장에는 저우언라이를 추모하는 이들이 늘어났다. 그리고 마침내 4인방과 마오쩌둥을 비난하는 목소리가 커지기 시작했다. 시위가 전국으로 확대되자 무력진압이 시도되었다.

이 과정에서 마오쩌둥은 그들의 배후인물로 덩샤오핑을 지목하고 반혁명적 정치 사건의 책임을 물어 모든 직무에서 해임시켰다. 결국 덩샤오핑은 간신히 복귀한 상태에서 다시 한 번 실각하게 되는 고비를 맞게 되었다.

마오쩌둥은 덩샤오핑의 후임으로 화궈펑을 제1 부주석 겸 국무원 총리에 임명했다. 4인방 세력은 마오쩌둥에게 줄기차게 장춘차오를 추천했지

장칭의 몰락. 마오쩌둥 사후 권력장악을 도모했으나 실패한 후 자결했다. 4인방의 재판(좌). 마오쩌둥과 장칭(우).

만 마오쩌둥은 거부했으며, 1976년 9월 9일에 사망했다.

4인방은 마오쩌둥 사망 후 화궈펑을 제거하기 위한 쿠데타를 계획했다. 그러나 공산당 군부는 4인방의 세력을 일소하기 위해 화궈펑을 지지했으며, 10월 군부에 의해 4인방 체포가 전격적으로 이루어졌다. 장칭을 비롯한 4인방의 체포 소식은 전 세계 언론의 뉴스를 장악했으며, 공산국가 중국에 대해 서방세계가 주목하게 되는 계기가 되었다.

화궈펑은 당 주석과 중앙군사위원회 주석으로 선출되어 당과 군부를 장악하는 1인자의 자리에 올랐다.

:: 화궈펑과 덩샤오핑

마오쩌둥 사망 후 중국은 4인방 세력을 제압하고 문화대혁명의 종결을 선언했다. 마오쩌둥에 의해 실각되었던 덩샤오핑은 당 원로들의 요청으로 1977년 다시 복위되었다. 화궈펑은 처음에는 반대했으나 결국 그의 복위를 받아들였다. 덩샤오핑은 당 중앙군사위원회 부주석, 국무원 부총리에 임명되어 화궈펑 다음으로 제2인자가 되었다. 그러나 두 사람의 정치적 노선에는 근본적인 차이점이 있었다.

덩샤오핑은 마오쩌둥과 함께 대장정의 핵심이었으며 항일 전선에서 투쟁했고, 중화인민공화국 설립 이후 저우언라이와 함께 마오쩌둥의 추종자로서의 주도적인 역할을 했다. 그러나 대약진 운동과 인민공사화 과정에서 류사오치와 함께 수정주의와 경제적 실용주의를 추구하면서 비판의 대상이 되었다. 즉, 덩샤오핑의 '검은 고양이든, 흰 고양이든 쥐만 잘

잡으면 된다(黑猫白猫)'는 유명한 발언은 낙후된 중국의 경제를 살리기 위해서는 어떤 체재이든 모색해야 한다는 주장이었다.

마오쩌둥의 충실한 추종자였던 덩샤오핑과 화궈펑 두 사람은 마오쩌둥의 사상을 두고 견해 차이를 드러냈다. 화궈펑은 '마오쩌둥의 결정과 지시는 시종일관 변함없이 따라야 한다'는 '범시론(凡是論)'을 주장했다. 그는 마오쩌둥의 혁명사상을 위협했다는 이유로 '4인방'을 체포했지만 마오쩌둥의 성과를 선전하고 찬양하는 것을 멈추지 않았다.

그러나 덩샤오핑은 앞으로 중국이 나아가야 할 길은 현대화라는 사실을 강조했다. 이것은 아무리 마오쩌둥의 지시라 할지라도 실천에 문제가 있을 때는 실용주의 노선으로 가야 한다는 것을 의미했다. 이러한 견해 차이로 두 세력 사이에 치열한 권력투쟁이 펼쳐지게 되었다.

마오쩌둥의 마르크스주의를 맹종하는 것보다 실천하는 것이 우선이라고 주장하는 실천파들이 덩샤오핑을 추종했다. 자오쯔양(趙紫陽)과 후야오방(胡耀邦 호요방)이 대표적인 인물이었다. 후야오방은 '실천만이 진리를 검증할 수 있는 유일한 표준'이라는 실사구시론을 내세우며 마오쩌둥의 정책과 지시라 할지라도 잘못된 결과가 나오면 비판하고 수정해야 한다고 주장했다. 덩샤오핑은 중국 공산당이 그동안 '정치 제1

후야오방(좌)과 자오쯔양(우).

주의에 빠져 경제에는 관심을 두지 않은 채 혁명만을 추구했다면 이제는 경제 제1주의를 실천해야 한다.'고 주장했다.

1980년 2월 중국 공산당 제11기 5중 전인대(전국인민대표대회)는 1974년에 제명되었던 류사오치를 비롯하여 문혁기간 중 숙청당했던 지식인들을 복귀시켰다. 그러나 화궈펑과 그를 따르던 '범시파'(凡是派: 마오쩌둥의 지시에 무조건 복종하는 사람)들을 정치국에서 해임함으로써 화궈펑과의 5년의 투쟁 끝에 덩샤오핑이 실질적인 권력을 장악하게 되었다.

덩샤오핑은 자오쯔양을 총리, 후야오방을 총서기로 선출하고 문화대혁명과 마오쩌둥 사상에 대한 기본적인 입장을 정리했다.

'마르크스–레닌주의와 마오쩌둥의 사상을 받들어 발전시킨다. 그러나 문화대혁명은 비판되어야 한다. 마오쩌둥의 공적은 중국 혁명의 위대한 과정이었음을 인정하다. 이제 과거의 역사를 총결산하고 중국은 단결해 '네 가지 현대화'를 향해 전진해야 할 것이다. 마오쩌둥의 업적 중에서 70%는 주요한 것이고, 30%는 부차적인 것이다.' 이후 이 노선은 중국의 사회주의 정책의 근간이 되었다.

마오쩌둥의 사상과 업적에 대해 덩샤오핑이 이러한 결론을 내리기까지는 혼란과 시행착오도 적지 않았다. 덩샤오핑은 헌법에 자유화정책을 명시했다. 파업의 자유, 의사 표현의 자유, 토론의 자유, 대자보 게시 등을 허용한 것이다. 이후 베이징의 '민주화의 벽'에는 문화대혁명에 대한 비판에서부터 1976년의 제1차 톈안먼 사건에 대한 재평가 등 다양한 주장을 담은 대자보들이 쏟아져 나왔다.

1979년 1월, 중국과 미국이 정식으로 외교관계를 수립했음에도 인민해방군이 베트남을 침공하자(소련과 베트남이 우호협력조약을 맺자 덩샤오핑은 이를 비난하고 결국 베트남을 침공했다.) 지식인들 사이에서 정당성이 없는 전쟁이라며 비판했다. 이 시기를 과거 '백가쟁명, 백화제방'의 시대와 같은 자유로운 주장들이 펼쳐져서, '베이징의 봄'(1978년)이라고 말하기도 한다.

화궈펑과 대립관계에 있을 때 덩샤오핑을 지지했던 지식인들은 덩샤오핑이 주장한 네 가지 현대화에 '민주주의'를 추가하기를 요구했다. 그러나 덩샤오핑은 중국 공산당 자체에 대한 비판이 지나치다며 '민주화'를 주장하는 지식인, 정치인들과 거리를 두며 통제하기 시작했다.

덩샤오핑은 문화대혁명과 마오쩌둥의 가치를 부정함으로써 자신의 권력이 인민들과 가까워지기를 바랐다. 때문에 일부 자유를 허용하면서도 한편으로는 공산당과 자신의 권력에 대한 비판을 억압하는 이중적 태도를 보였다. 이로써 '베이징의 봄'은 잠시 불꽃을 피웠으나 허망하게 끝나버렸다. 그러나 '베이징의 봄'은 끝난 것이 아니었으며, 1989년 톈안먼(天安門) 사건으로 이어져 엄청난 희생자를 내게 된다.

:: 덩샤오핑의 실용 노선

정치에 복권한 덩샤오핑은 문화대혁명 기간 동안 중국의 교육이 저하되었다고 주장하면서 대학입학시험을 부활시키는 대학 개혁을 시작으로 저우언라이가 주장한 '4대 현대화'를 본격적으로 실시했다.

그는 중국이 가난하고 모든 부분에서 낙후되었음을 인정하고 인민의 삶을 향상시킬 수 있는 것이라면 어떤 정책이라도 수용할 것을 선언했다. 마오쩌둥에 의해 농촌으로 보내졌던(下放) 젊은이들이 다시 집으로 돌

미국을 방문한 덩샤오핑(1979). 휴스턴의 로데오 경기장에서 카우보이 모자를 흔들어 친근한 이미지를 만들었다.

아왔다. 그들 중 주요 인재들을 해외 유학을 보냈으며, 자신도 자본주의 강국들을 방문하여 산업시설들을 시찰하는 등 중국에 시장경제를 도입할 준비를 위해 자본주의 경제를 철저히 연구했다.

그러나 덩샤오핑은 중국의 사회주의 이상을 포기하지 않았다. 경제에서는 자본주의 정책을 도입하지만 국가의 개입과 주도하의 장기적 계획 등으로 다른 자본주의 국가와는 차별되는 계획 경제 체제를 제시했다. 자유 시장, 소규모 사유제, 주거 환경 개선, 에너지 기간시설 설치, 외국 기술 수입을 위한 개방정책 등등 다양한 부분에서 변혁을 추진했다.

농촌은 과거의 집단 농업체제를 해체하고 토지를 농가에 분할해 주었다. 각 농가의 책임 아래 생산대를 형성하여 농사를 짓고 판매에 대한 소득을 가져갈 수 있도록 했다. 책임제의 시행은 농민들이 주도적으로 농사를 짓고 효과를 거두게 됨으로써 생산량의 증가를 가져왔다.

도시는 국가 주도하의 경제체제가 시행되었으나, 그 외에 상업, 수공업, 소규모 기업과 시장 활동이 허가되었다. 식당이나 미용실 등 허가를 내면 개인 사업체를 운영할 수 있게 된 것이다.

1979년부터 덩샤오핑은 개혁개방의 의지를 강화하는 측면에서 홍콩 건너편 광둥성의 선전(深圳 심천)에 최초의 경제특구를 조성했다. 국내인 투자와 더불어 해외투자를 유치하기 위한 것으로 세금 혜택을 주어 외국의 자본과 기술을 끌어들이기 위한 것이었다.

이후 광둥성의 주하이(珠海 주해), 산터우(汕豆)와 푸젠성(福建省)의 샤먼(夏門)을 경제특구로 지정했다. 1980년 후반에 이르면 외국 제조업체들은 중국의 저임금을 이용하기 위해 중국 내에 생산 공장을 설립하여 의류, 신발, 봉제, 시계, 자전거 등을 생산하여 서방세계에 수출하여 이익을 내기 시작한다.

덩샤오핑의 개혁개방 정책은 1990년 초 동유럽과 소련에서 공산주의가 몰락하면서 더욱 추진력을 갖게 되었다. 덩샤오핑은 소련식 중앙집중적 경제정책은 실패했다고 단정했다. 따라서 중국의 정치체제는 '사회주의 시장경제'로 이행할 것을 명백히 선언하고, 모든 중국 인민들에게 오로지 생산력을 발전시켜 자본을 획득하라고 요구했다.

그때 우리나라에서는.........

▶ 12 · 12 사태(1979)

▶ 서울의 봄(1980)/ 5 · 18 광주 민주화 운동(1980)

▶대통령 선거인단에서 전두환 대통령 선출(1981)

류사오치(劉少奇 1898~1969)

마오쩌둥의 후계자로 가장 유력한 인물이었다. 중국 공산당의 1세대 지도집단의 멤버이다. 후난성(湖南省)의 유복한 집안에서 태어났다. 모스크바에 유학했으며, 1922년에 중국 공산당에 가입했다. 공산당 중앙위원으로 선출되어 활동하면서 공산당의 주요 지도자가 되었다. 1932년 장시(江西) 소비에트에서 활동했으며 1937년 항일전쟁 발발 후에는 유격전을 지휘했고 혁명 근거지(소비에트)를 건설했다. 1939년 '공산당원의 수양을 논함'이라는 유명한 강연을 했는데, 이것은 중국 공산당의 주요한 문건들 중의 하나이다.

1949년 중화인민공화국이 수립되면서 마오쩌둥 아래에서 국정을 운영했다. 마오쩌둥 사상을 가장 앞장서서 선전했기 때문에 가장 유력한 후계자로 간주되었다. 대약진 정책을 지지하여 1959년에 열린 전국인민대표대회에서 마오쩌둥의 뒤를 이어 주석에 선출되었다. 그러나 대약진운동의 실패로 인해 실용적 경제정책을 추진하려는 과정에서 마오쩌둥과 갈등을 빚게 되어 문화대혁명 때 주석에서 파면되었다(1969).

린뱌오와 장칭 집단으로부터 정치적 공격을 받아 고초를 겪다가 허난성 감옥에서 사망했다. 그러나 덩샤오핑에 의해 1980년 11기 5중 전국인민대표대회에서 명예가 회복되었다. 주요 저작으로 《류사오치 전집》이 있다.

톈안먼 사건

(1989년)

베이징의 톈안먼(天安門) 광장에 학생, 노동자, 지식인 1백여만 명이 모여
민주주의와 자유를 요구했다. 중국 정부는 계엄령을 선포하고 인민군대를
동원해 무력 진압을 시행하여 엄청난 희생이 발생한 비극적인 사건이다.

:: 사회적 민주주의와 자유의 함성

1989년 5~6월 베이징 대학의 학생들이 톈안먼 광장에 모여 사회주의
적 민주주의와 자유를 요구하는 시위를 했다. 그들은 덩샤오핑의 개혁개
방 실시 이후 당과 군대의 전횡이 심해지고 있는 것을 비난했다. 특히 경
제 범죄가 늘어났는데, 1989년 봄 중국의 경제는 경기 과열로 인한 인플
레이션으로 긴축 정책을 실시했지만, 생산량의 감소와 실업으로 어려움
을 겪었다.

그런 가운데 당 간부들의 사치와 부패는 분노의 대상이 되었다. 이것
은 사회주의적 이상을 오염시키는 것이었다. 학생들은 이념과 도덕성이
퇴행하면서 정치권뿐만 아니라 중국의 사회와 문명이 후퇴하는 것을 우
려했다.

그러나 정부가 대화를 거부하며 강경한 입장을 취하자 학생들이 단식
을 시작했다. 시민들은 처음에는 별다른 호응을 보내지 않았으나, 차츰

톈안먼 광장으로 진입하는 장갑차.

민주주의와 자유를 원하는 시민들이 시위에 참여하면서 대규모 군중집회가 되었다.

톈안먼 광장에서 시작된 시위가 중국 전역으로 확산되자, 1989년 6월 4일 10만 여명의 인민해방군은 덩샤오핑의 지시로 전차와 장갑차로 시위대를 진압했다. 광장은 피바다가 되었으며 50여 일간의 민주화 시위는 막을 내렸다.

그러나 중국 정부는 모든 언론을 통제하고 학생들의 시위를 반혁명 폭도들이 사회주의 체제를 전복시키려 했다고 발표했을 뿐이다. 또한 이 과정에서 희생된 사람은 대부분은 군인이었다고 했다. 그러나 홍콩으로 탈출한 학생들에 의해 톈안먼 사태에 대한 생생한 사실이 영국 BBC 방송을 비롯하여 외국 언론에 의해 속속들이 세상에 알려졌다. 사망자만 1천여 명으로 추정될 정도였으며 부상자는 수만 명에 달했을 것이다.

이후에도 중국은 시위를 주도했던 학생 대표들에게 수배령을 내렸고 잡힌 학생들은 총살당하거나 감옥으로 보내졌다. 따라서 1989년 '베이징의 봄'은 민주화를 상징하는 말이 되었다. 중국의 3세대 문학을 대표하는 작가로 활동하는 위화(余華 1960~)에 의하면, 현재 중국에서

현재 중국을 대표하는 세계적인 작가 위화. 국내에는 중국 현대사의 어두운 면을 해학적으로 표현한 《허삼관 매혈기》로 유명하다.

'6월 4일'이라는 날짜는 인터넷 검색에서 금지된 날짜라고 한다. 1989년 톈안먼 사건을 가리키기 때문이다.

:: 제2 톈안먼 사태의 원인

1989년 베이징의 봄은 어떤 면에서 1976년 저우언라이의 죽음을 추모하기 위해 모여든 인민들의 시위와 비슷했다. 그래서 1976년의 것을 제1차 톈안먼 사건, 1989년의 것을 제2 톈안먼 사건이라고 말하기도 한다.

제1차 사건이 마오쩌둥 사상의 우상화와 4인방의 권력 장악에 대한 인민들의 저항이 저우언라이의 죽음으로 표출된 것이라면 제2차 사건은 1989년 후야오방(1915~1989: 대장정에 참여한 공산당 제1세대. 문화대혁명 때 축출되었으나 덩샤오핑에 의해 당 주석에 올랐다. 1986년에 일어난 학생들의 시위를 막지 않고 자신의 기지 기반으로 삼으려 했다는 공격을 받고 1987년 1월 실각. 덩샤오핑의 후계 문제를 너무 성급하게 시도하려다 보수파의 견제를 받은 것이라고 한다.)의

사망 이후 덩샤오핑의 비민주적인 당 운영을 비판하는 시위였다. 처음에는 학생들에 의해 시작되었으나 차츰 지식인들과의 연대로 이어졌다.

덩샤오핑은 결과적으로 두 사건 모두에 관련되었다. 아이러니하게도 1976년에는 시위대의 배후 인물로 지목되어 당에서 추방되었다. 반면에 1989년 사건은 중국 최고 지도자로서 시위대를 무력으로 진압한 것이다.

베이징의 학생들이 톈안먼에 모여든 것 중국 공산당 총서기를 지냈던 후야오방의 죽음을 애도하기 위해서였다. 학생들은 후야오방을 개혁개방을 대표하는 인물로 생각했다. 그러나 1986년 여름부터 이미 학생들과 중국의 지식인들 사이에는 덩샤오핑 정책과 지도자들을 비판하는 분위기가 조성되고 있었다. 그해 12월 상하이를 비롯한 몇몇 도시에서 처음으로 항의 운동이 시작되었다.

이들은 사회주의 운동의 실패를 지적했으며, 개혁개방 정책은 인민들의 삶을 향상시키지 못한 상태로 자본주의적 산업은 당 관리들의 권력과 재산만 증대되고 있다고 주장했다. 이때는 일부 경찰과의 충돌, 체포는 있었지만 심각한 폭력은 발생되지 않았다.

그러나 시위를 너무 유화적으로 대응했다는 이유로 후야오방이 실각되었으며, 1989년 4월 15일 갑자기 그

1989년 후야오방의 장례식. 수천명의 베이징 대학생들이 톈안먼 광장으로 행진하여 조의를 표했다.

가 사망하게 되자, 학생들이 그를 추모하는 장례식에 모여들었다. 그들은 후야오방의 재평가와 명예회복을 요구했으며, 언론 보도의 자유화를 요구했다.

후야오방의 뒤를 이은 자오쯔양(1919~2005: 광동성에서 토지개혁을 주도했다. 농업 진흥에 많은 성과를 냈다. 덩샤오핑의 후계자로 주목받았으나, 톈안먼 사건에서 덩샤오핑과 의견을 달리하면서 실각. 가택 연금된 상태에서 풀려나지 못한 채 사망했다.)은 폭력 진압에 대해 반대 의향을 가지고 있었으며, 학생 대표들과 만나 대화를 함으로써 학생들의 요구에 따라 개선하고자 했다.

따라서 시위는 잠시 중지되는 듯 보였으나 후야오방의 추모행렬은 계속되었다. 5월에 이르러 다시 2,000여 명의 학생들이 비폭력 행동으로 단식 투쟁을 전개하겠다고 선언하자 여기에 수많은 노동자와 시민들까지 합세하게 된 것이다. 이들은 덩샤오핑의 하야와 공산당 타도를 외쳤다.

당시 중국을 공식 방문하고 있던 소련의 고르바초프(Mikhail Gorbachev 1931~1990: 소련 최초의 대통령으로 선출. 1991년 공산주의 포기와 공산당 해체를 단행했다.)는 5월 17일에 톈안먼의 인민영웅기념비에 헌화하기로 되어 있었다. 그러나 1백여만 명의 시민들이 모여들어 결국 고르바초프는 헌화를 하지 못하고 떠나는 등 중소 정상의 외교적 행사도 타격을 받는 지경에 이르렀다.

사태가 커지자 덩샤오핑은 시위대의 행위에 유화적이었던 총서기 자오쯔양을 축출하고 강경 진압 작전을 실시했다. 6월 3일 새벽, 인민군대는 탱크와 기관총으로 시위대를 포위하고 대항하려는 학생들과 시민들을 무자비하게 학살했다.

6월 9일 덩샤오핑은 진압의 책임에 대해 인정하면서도 시위를 '반혁명'

텐안먼 사태를 강경 진압한 덩샤오핑은 이후 서방 세계에 이미지 개선을 위해 노력해야 했다.

으로 비난했다. 그리고 시위자와 동조자들을 색출하여 탄압함으로써 자신의 권력은 유지했으나, 국제 사회에서는 인권 문제 등으로 역사적 판결이 보류된 비극적인 사건으로 남게 되었다.

마오쩌둥과 덩샤오핑 사상은 기본적으로는 중국 고유의 역사와 문화 전통을 중시한다는 점에서는 동일하다. 그러나 공산주의 혁명이라는 방법론에서는 차이가 있었다. 마오쩌둥이 정치우위, 중농주의, 이상주의였다면, 덩샤오핑은 경제우위, 중상주의, 현실주의였다는 점이다.

그때 우리나라에서는·········

▶ 6월 민주 항쟁(1987)

▶ 서울 올림픽 개최(1988)

▶ 남북한 유엔 동시 가입(1991)

덩샤오핑의 남순강화

(1992)

중국은 제2차 톈안먼 사건 이후 실추되었던 국가의 위신을 만회하기 위해 여러 가지 외교적인 노력을 기울여야 했는데, 1990년 베이징에서 열린 아시 안게임도 그 중 한 가지였다. 또한 개혁개방을 재강조하기 위한 새로운 돌파구가 필요했다. 1992년 초 덩샤오핑은 선전과 주하이 등의 남방 경제특구를 순시하면서 개혁개방의 확대를 다시 선언했다. 이것을 남순강화(南巡講話)라고 한다.

:: 개혁의 재개와 경제적 급성장

덩샤오핑의 계획경제와 시장경제라는 '이중적 고리'는 경제활동을 조화롭게 이끌 것이라는 예상과 달리 혼란을 야기했으며, 자유화 역시 경제 침체를 가져왔다. 1978~1980년대의 경제개혁의 효과는 잠깐 나타났다가 사라졌다. 게다가 톈안먼 사건은 다시 정치와 경제 체제에 혼란을 가져왔다. 경제 활성화를 위한 정책이 다시 한 번 필요하다고 생각한 덩샤오핑은 남순강화를 계획하게 된다.

주요 목적은 중앙에서 통제하는 계획경제를 후퇴시키고 시장경제 체제로 적극적으로 전환하자는 것이었다. 덩샤오핑은 대외 개방, 민간 경제, 국제 협력을 통한 새로운 경제 개혁을 시도하기에 적합한 곳으로 북

제럴드 포드 미국 대통령과
덩샤오핑(1975).

쪽 보다는 경제특구로 지정되어 있는 선전, 상하이, 우창 등 남쪽지방을
주목했다.

당시 덩샤오핑은 90세에 가까운 나이였다. 그러나 노구를 이끌고 행한
2주간의 '남순강화'는 혁명 원로의 카리스마를 보여줌으로써, 전국적으로
개혁개방의 열기가 다시 타오르게 되었다. 그것은 지방 분권화에 대한
열망에 적절한 것이었으며, 국가 주도 경제 체제에서 자유로운 시장경제
체제로의 변환을 예고했다.

덩샤오핑은 그해 10월 중국공산당 14차 대회에서 '사회주의 시장경제'
라는 개념을 채택했다. 외국기업의 투자를 유도하며 동시에 중국 국내의
기업의 활성화라는 두 가지 측면에서 긍정적인 효과를 가져왔다.

이후 중국의 경제는 급속도로 성장하게 된다. 외국과의 무역 증가, 외
국 투자액의 증가 등으로 특구가 설립된 이후부터 1991년까지 국민 총생
산이 연평균 50%씩 증가하게 되는 놀라운 발전을 보여준다. 이처럼 세계
시장에서 중국이 성공을 거둔 가장 중요한 이유 중의 하나는 값싸고 풍
부한 노동력 덕분이었다.

:: 덩샤오핑의 전략, 상하이

덩샤오핑은 남순강화를 시작하면서, 과거에 경제특구를 지정할 때 상하이를 포함시키지 않은 것이 큰 실수였다고 말했다. 상하이가 있는 양쯔강 하류의 삼각주 부근이 중국의 미래를 결정할 수 있다고 본 것이다. 과거 국민당 정부도 상하이의 푸둥(浦東) 개발을 시도한 적이 있으나 실현되지 않았다.

덩샤오핑이 상하이를 통해 중국의 경제가 발전될 수 있는 첩경을 만들자고 천명함으로써, 상하이의 푸둥 개발은 국가적인 프로젝트로 선언되었다. 푸둥은 상하이 황푸강(黃浦江) 동쪽으로, 남쪽으로는 항저우만(杭州灣)을, 북쪽은 양쯔강 입구에 접하고 있다.

농촌 지역에 불과했던 이곳을 세계 금융과 하이테크 중심지로 만들기 위해 푸둥 신구 개발이 시작된 것이다. 외국인의 투자를 활성화시키기 위해 세금 우대 정책을 실시하여 대외무역의 중심지로 변화시켰다. 즉 중국 경제의 허리와 같은 역할을 부여하여 중국의 경제 성장을 전체적으로 끌어올리는 전략의 중심지가

지미 카터 미국 대통령과 덩샤오핑(1979).

된 것이다. 1990년대 시작된 푸둥 개발로 인해 2007년 기준, 상하이 1인당 GDP는 8,500달러를 넘어섰다. 이것은 중국 전체 평균의 3.5배에 달한다. 2010년에는 상하이 엑스포가 개최되는 등 현재 상하이는 21세기 중국 경제의 심장이 되었다. 덩샤오핑의 마지막 전략이 현재 중국의 경제발전의 축이 되었음을 입증하고 있다.

덩샤오핑의 체제가 유지되는 동안 중국 경제는 급성장했다. 또한 1997년 영국령이었던 홍콩이 정식으로 중국에 반환되어 특별행정구로 지정되었다. 아편전쟁으로 영국에게 이양되었으나, 조차 기간이 만료되어 회수해 온 것이다.

덩샤오핑은 '홍콩은 홍콩인이 다스리지만, 주권은 중국에 속한다'는 입

상하이 빌딩숲. 닉슨의 방문으로부터 시작해서 미국 대통령들과 덩샤오핑의 우호적인 만남 이후, 미국 각계의 연구가들은 중국이 미래에 최강국으로 떠오를 것이라고 예상했다고 한다. 이것을 증명이나 하듯이 중국은 21세기 현재 미국과 세계 경제를 다투는 강대국으로 성장하고 있다.

장을 표명하며 향후 50
년간 자본주의 체제를
유지하는 일국양제(一國
兩制)를 시행한다고 밝
혔다. 이것은 중국이
사회주의 국가인가, 자
본주의 국가인가라는

1997년 7월 1일 영국령 홍콩이 중화인민공화국에게 이양되었다.

이념 논쟁에서 덩샤오핑이 사회주의 시장경제를 추구하는 국가라는 지향
점을 제시하게 된 결과였다. 결국 홍콩은 주권을 중국 본토에 반환했지
만, 1997년부터 50년간은 자본주의 체제를 유지할 수 있게 되었다.

덩샤오핑은 홍콩 반환을 5개월 남은 시점에서 눈을 감았다. 덩샤오핑
이 눈을 감을 때쯤 중국의 경제력은 상승했지만 자본주의의 취약점인 부
의 양극화가 사회 곳곳에 나타나기 시작했다.

그 때 우리나라에서는 ·········

▶ 외환위기, IMF 구제금융 사태(1997)

▶ 6 · 15 남북 공동 선언(2000년)

중국 공산당

중국 공산당은 1921년 창당되었다. 마오쩌둥의 주도하에 국민당을 몰아내고 중국 내에서 사회주의 혁명을 달성하는 주체가 되었다. 중국 공산당은 세계 최대 규모이며, 중국의 정치를 지배하는 독점 정당이다. 유일한 정책결정기구이며, 중앙과 각 성(省) 및 하급지방의 정부기관이 당의 정책을 수행한다.

중국 공산당의 최고 지도 기관은 전국인민대표대회(약칭 : 전인대全人大)이다. 5년마다 한 번씩 1,500명 이상의 대표가 전부 모여 약 200명에 달하는 당 중앙위원회 위원들을 선출한다. 중앙위원회는 대략 1년에 1번씩 회의를 소집하며, 약 20명에 이르는 정치국 위원들을 선출한다.

정치국은 당의 지도적인 기관이며, 6~7명의 최고위급 지도자로 구성되는 정치국 상무위원회는 당뿐만 아니라 중국 전체에 대한 최고의 지도권을 행사한다. 혁명 지도자였던 마오쩌둥, 류사오치, 저우언라이 등이 정치국 위원들

이었다.

실제로 당내의 권력은 위에서 아래로 행사되며, 정치국 같은 보다 소수의 강력한 구성원으로 이루어진 기관이 중앙위원회 같이 좀더 큰 기관의 구성원을 비밀리에 결정한다.

당 서기처는 당의 일상적인 행정업무를 총괄한다. 서기처의 총서기가 당의 공식적인 최고관리이다. 당에는 중앙기율검사위원회가 있어서 당원들의 비행을 조사하고 그 당원을 처벌한다.

또 중앙군사위원회가 있어서 군대의 지배권을 행사한다. 중국공산당은 각 도시, 읍, 촌락, 학교, 지구(地區), 주요 작업장 등에 당의 소조(小組)를 두고 있으며 그 내부에서 주민 동원과 통제가 이루어졌다. 즉 당의 조직망은 행정, 기업, 군, 대중 조직에서도 동일하게 운영된다.

현재 중국의 정치를 이해하려면 중국 공산당을 알고 있어야 한다. 중국에서는 실제적으로 당이 국가를 지배하고 이끌고 있다는 사실이다. 즉 국가의 모든 정책과 인사를 공산당에서 결정하고 있다.

그때, 중국에선 어떤 일이 있었나?

초판 발행 2019년 6월 11일

지은이 | 임명현
발행인 | 권오현

펴낸곳 | 돋을새김
주소 | 서울시 종로구 이화동 27-2 부광빌딩 402호
전화 | 02-745-1854~5 팩스 | 02-745-1856
홈페이지 | http://blog.naver.com/doduls
전자우편 | doduls@naver.com
등록 | 1997.12.15. 제300-1997-140호
인쇄 | 금강인쇄(주)(031-943-0082)

ISBN 978-89-6167-252-8 (03910)

값 13,000원